책과 함께
교과 체험학습 가이드북

현직 초등 교사가 뽑은 생생 현장학습 여행지

책과 함께

교과 체험학습 가이드북

김가영

★★★★★
추천 체험학습지
40곳

★★★★★
함께 읽기 좋은 책
43권

★★★★★
교과 분석과
연계 단원

아이들이 체험학습과 책을 통해
좀 더 즐겁게 배울 순 없을까?

    저의 첫째 아이는 어렸을 때부터 곤충에 관심이 많았습니다. 곤충을 관찰하고, 만질 때면 세상을 다 가진 표정으로 저를 바라보았지요. 아이의 초롱초롱한 눈빛과 즐거워하는 모습을 보고 싶어서 주말이면 곤충을 관찰하고 볼 수 있는 체험학습장, 박물관들을 찾아 참 많이도 다녔습니다. 주말 체험 일정이 결정되면 아이와 함께 미리 곤충에 관한 책들을 읽어 본 뒤 방문하기도 했습니다. 그럴 때면 아이는 "엄마! 코카서스왕장수풍뎅이다!"라며 신나서 달려간 뒤 조잘조잘 책에서 본 것들을 이야기하곤 했습니다. 집에 돌아와서 아이는 직접 본 것과 관련된 책들을 스스로 꺼내서 더 몰입해서 살펴보았습니다. 이런 아이의 모습을 보면서 저는 책과 직접 경험이 연결되었을 때의 정서적, 학습적인 효과를 경험하고 알게 되었습니다.

    초등학교 선생으로서 학교에서 만난 아이들은 예전에 비해 주말과 방학뿐만 아니라 교외 체험학습신청서를 내고 학기 중 평일에도 가족과 여행을 다녀오는 경우가 많았습니다. 저는 체험학습신청서와 보고서를 통해서 또 아이들과 함께 나누는 주말 이야기로 아이들이 주말여행과 체험학습에서 무엇을 보고 어떤 체험을 하고 왔는지 알게 되었습니다. 그때 당시 저는 4학년 아이들을 가르치고 있었는데 아이들은 5학년 사회에서 배울 역사와 관련된 장소로 여행을 가는 경우가 많았습니다. 이렇게 부모로서 주말 나들이나 여행을 떠날 때 내 아이를 생각하지 않을 수 없습니다. 부모는 아이가 즐거워할 만하고 가능하면 아이의 학습에도 도움이 되는 장소를 찾아 여행을 떠납니다.

그러다 보니 요즘은 박물관이나 유적지 등에서 교과와 연계된 다양한 체험 프로그램이 진행됩니다. 잘 짜인 프로그램과 아이들에게 관련 내용에 대해 전문적인 설명을 해주시는 선생님까지 있으니 이런 프로그램을 잘 활용한다면 우리 아이들의 학습에 분명 도움이 될 것이라 생각합니다.

그렇다면 어떻게 하면 부모와 아이가 함께 즐겁고, 또 아이의 공부에도 도움이 되는 체험학습을 할 수 있을까요? 학교 현장에서 아이들을 가르치는 교사로서 또 두 아이를 키우는 엄마로서 관심이 가는 부분이기도 했습니다.

아이를 키우면서 내 아이의 눈빛을 따라가며 함께 공부하고 세상을 새롭게 알아가는 방법을 배웠습니다. 부모가 먼저 아이가 학교에서 배우고 있는 교과 내용을 살펴보고 그와 연결된 책을 같이 읽고 관련된 장소를 여행한다면, 또 여행지에서 함께 책에서 본 내용을 이야기하고 살펴본다면, 아이는 즐겁게 뛰어놀면서 배울 수 있을 것입니다. 또한 부모도 아이와 함께 나눈 책과 대화가 더해져 행복한 시간을 가질 수 있을 것입니다.

이 책이 아이와 함께 즐길 수 있는 체험학습을 하고 싶은 학부모와 교과와 관련된 체험학습 장소를 고민하는 현장의 초등 교사들께 도움이 되기를 소망합니다. 또한 무엇보다 초롱초롱한 눈빛을 한 채 본격적으로 학습을 시작하는 우리 아이들에게 지적 호기심을 채워나가는 기회가 되길 바라며 아이가 어른이 되어서 부모와의 어린 시절을 떠올렸을 때 배시시 웃음이 새어 나와 세상을 살아갈 힘이 되는 시간을 만드는데 도움이 되길 기대합니다.

초등 교사 김가영

contents

5   프롤로그

아이들이 체험학습과 책을 통해 좀 더 즐겁게 배울 순 없을까?

Chapter 1

초등, 왜 책과 함께 하는 체험학습인가?

📚 독서의 중요성

17   1. 독서는 문해력과 어휘력을 키워줍니다
19   2. 독서는 관련 지식을 습득하게 해줍니다
19   3. 독서는 아이의 정서 지능과 사회성 발달에 도움을 줍니다
21   4. 독서는 생각하는 힘을 기릅니다

📚 현장 체험학습의 중요성

25   1. 체험학습을 통해 학습의 효과성을 높입니다
27   2. 체험학습은 두뇌 발달과 창의력을 기르는 데 도움이 됩니다
28   3. 체험학습은 인성 함양 및 심리적 안정을 도와줍니다

📚 독서와 함께하는 현장 체험학습

31   1. 책을 통해 얻은 사전 정보가 체험학습에 주는 긍정적인 효과
32   2. 책과 체험학습은 상호보완적인 관계

Chapter 2
현장 체험학습 알아보기

📚 현장 체험학습의과정

35 1. 현장 체험학습 가기 전 단계
- 계획 세우기
- 장소와 관련된 배경지식 높이기
- 준비물 챙기기
- 현장 체험학습 계획서 작성하기

40 2. 현장 체험학습을 하며

41 3. 현장 체험학습을 다녀와서
- 현장 체험학습 보충하기
- 현장 체험학습 보고서 작성하기
- 현장 체험학습 후 활동

📚 현장 체험학습이 필요한 학년과 교과

49 1. 사회 과목에서 현장 체험학습이 필요한 이유

51 2. 과학 과목에서 현장 체험학습이 필요한 이유

Chapter 3
몸으로 놀며 배우는 1학년

📚 **1학년의 특징**

📚 **1학년 통합교과(봄, 여름, 가을, 겨울)**

56   1. 통합교과 내용 분석

57   2. 1학년 1학기『봄』2단원 - 도란도란 봄 동산

     - 체험장소(포천국립수목원, 서울숲)

67   3. 1학년 1학기『여름』2단원 - 여름 나라

     - 교과서 분석
     - 체험장소(한전아트센터 전기박물관, 김천녹색미래과학관, 서울에너지드림센터, 용인기후변화체험교육센터, 부산기후변화체험교육관)

81   4. 1학년 2학기『겨울』1단원 - 여기는 우리나라

     - 교과서 분석
     - 체험장소(서울우리소리박물관, 광주김치박물관, 대한민국역사박물관, 통일전망대)

Chapter 4
규칙을 중요시하는 2학년

📚 **2학년의 특징**

📚 **2학년 통합교과 (봄, 여름, 가을, 겨울)**

98   1. 통합교과 내용 분석

100   2. 2학년 1학기 『여름』 2단원 - 초록이의 여름 여행
- 교과서 분석
- 체험장소(국립과천과학관, 여수곤충박물관, 아산환경공학공원·생태곤충원)

111   3. 2학년 2학기 『가을』 1단원 - 동네 한 바퀴
- 교과서 분석
- 체험장소(한국잡월드, 화성시어린이문화센터)

122   4. 2학년 2학기 『겨울』 1단원 - 두근두근 세계 여행
- 교과서 분석
- 체험장소(다문화박물관, 중남미문화원)

📚 **1, 2학년 안전한 생활**
- 교과서 분석
- 체험장소(전국의 지역별 안전 체험관)

Chapter 5
학습이 본격적으로 시작되는 3학년

📚 3학년의 특징

📚 3학년 사회

140   1. 사회 교과 내용 분석

142   2. 3학년 1학기 3단원 - 교통과 통신 수단의 변화
- 교과서 분석
- 체험장소(철도박물관, 삼성화재교통박물관, 우정박물관)

155   3. 3학년 2학기 2단원 - 시대마다 다른 삶의 모습
- 교과서 분석
- 체험장소(국립민속박물관, 농업박물관&쌀박물관, 한국 민속촌, 남산골한옥마을)

📚 3학년 과학

169   1. 과학 교과 내용 분석

171   2. 3학년 1학기 3단원 동물의 한살이, 2학기 2단원 동물의 생활
- 교과서 분석
- 체험장소(부천자연생태공원, 국립생물자원관, 서천국립생태원)

183   3. 3학년 2학기 5단원 소리의 성질
- 교과서 분석
- 체험장소(소리체험박물관, 국립국악박물관)

Chapter 6
자기 주도적 학습력이 필요한 4학년

📚 4학년의 특징

📚 4학년 사회
193 1. 사회 교과 내용 분석
195 2. 4학년 1학기 1단원 - 지역의 위치와 특성
- 교과서 분석
- 체험장소(국토지리정보원 지도박물관, 경희대학교 혜정박물관)

204 3. 4학년 2학기 2단원 - 필요한 것의 생산과 교환
- 교과서 분석
- 체험장소(한국은행 화폐박물관, 화폐박물관)

📚 4학년 과학
214 1. 과학 교과 내용 분석
216 2. 4학년 1학기 2단원 지층과 화석, 2학기 4단원 화산과 지진
- 교과서 분석
- 체험장소(대전지질박물관, 서대문자연사박물관)

227 3. 4학년 2학기 2단원 물의 상태변화, 5단원 물의 여행
- 교과서 분석
- 체험장소(서울수도박물관, 서울하수도과학관, 김해수도박물관)

241 에필로그
244 참고 도서&사이트

Chapter 1

초등, 왜 책과 함께 하는 체험학습인가?

독서의 중요성

저는 초등 교사로 근무하고 있습니다. 그렇다 보니 매년 교실에서 많은 아이를 만나게 되고 습관처럼 아이들을 관찰합니다.

국어 수업 시간, 계획된 수업이 예상보다 빨리 끝났습니다. 그래서 남은 시간 책을 읽자고 하고 교사인 저도 함께 책을 꺼내 들었습니다. 아이들이 조용하게 책을 읽기 시작하였고 책을 읽다가 문득 아이들을 바라보았습니다. 갑자기 생긴 틈새 독서 시간에 반 아이들 모두 조용한 듯했지만, 관찰해보니 그동안 읽어오던 책을 꺼내 즐겁게 시간을 보내는 아이도 있고, 친구와 소곤소곤 이야기하거나 멍하니 딴생각만 하면서 시간이 지나가길 기다리는 아이들도 있었습니다. 왜 이런 차이가 생기는 걸까요?

새 학기가 시작한 뒤 며칠만 지나면 교사는 금방 아이들의 독서에 대한 흥미와 습관의 정도를 파악할 수 있습니다. 그런데 이런 독서에 대한 흥미와 습관은 아이들의 수업 태도와 국어, 사회, 과학 등 교과 학습 능력과도 관련이 있었습니다. 독서 시간에 책에 흥미를 갖고 열심히 읽어내려가던 학생은 수업 시간 태도도 좋았습니다. 또한, 말하기와 쓰기 능력뿐만 아니라 과학, 사회 시간에 배우는 교과 내용에 대한 이해도도 좋았습니다. 독서가 학생들의 수업 태도와 학습 능력에 영향을 미치는 이유는 무엇일까요? 독서가 학생들에게 중요한 이유가 무엇인지 구체적으로 살펴보도록 합시다.

1. 독서는 문해력과 어휘력을 키워줍니다

한 단원이 끝나고 단원 평가를 보는 시간이었습니다. 한 학생은 조용히 손을 들고 문제의 뜻이나 보기에 있는 단어의 뜻을 물어봅니다. 교사인 제가 문제의 뜻을 풀어서 설명해주면 "아~!" 하고 이해하면서 문제를 풀어냅니다. 반면, 어떤 아이들은 문제의 뜻을 이해하는 데 어려움이 없다 보니 주어진 문제를 빨리 풀어냅니다.

이런 차이는 어디에서 오는 것일까요? 바로, 학생들의 어휘력과 문해력의 수준에서 오는 차이입니다. 어휘력이란 낱말의 의미를 이해한 뒤 뜻을 알고 사용할 수 있는 것 즉, 어휘를 마음대로 부리어

쓸 수 있는 능력(네이버 국어사전)을 뜻합니다. 어휘력의 발달 정도는 평소 아이들이 말을 하거나 글을 쓸 때 사용하는 낱말들을 보면 쉽게 파악할 수 있습니다.

사카모토 이치로의 '아동 및 청년의 어휘량 발달표'에 따르면 아동들은 초등학교 입학 전인 만 6세까지 1년에 500단어 정도 습득하다가 만 7세에 1,200단어, 만 8세에 2,300단어, 만 9세 3,600단어, 만 10세 5,400단어, 만 11세 6,300단어로 급격하게 증가한다고 합니다. 이를 보아 어휘습득량은 초등학교 시기에 급격하게 늘어난다고 할 수 있습니다. 이런 어휘력을 향상시키는 뛰어난 방법이 바로 독서입니다. 우리가 평소 생활 속에서 대화나 TV 프로그램을 통해 얻을 수 있는 어휘는 한정적입니다. 학생들은 책을 읽음으로써 새로운 어휘들을 접할 수 있고 또한 어휘의 뜻을 책 속 문장을 통해 자연스럽게 이해하게 되고 이런 반복적 연습을 통해 어휘력이 향상됩니다.

어휘력 향상은 요즘 강조되고 있는 문해력과도 연결됩니다. 문해력이란 현대 사회에서 일상생활해 나가는 데 필요한 글을 읽고 이해하는 최소한의 능력(국립국어원)을 뜻합니다. 독서를 통해 어휘력을 높이면 문장을 적절한 속도로 매끄럽게 읽어 내는 유창성과 글의 내용과 내가 알고 있는 지식과 경험을 추가해 의미를 구성해 내는 독해 능력이 함께 향상됩니다. 즉, 어휘력, 유창성, 독해 능력이 문해력으로 연결된다고 할 수 있습니다.

2. 독서는 관련 지식을 습득하게 해줍니다

국어 시간, 전기문에 대해 학습하는 단원에서 교과서 지문으로 정약용이 나왔습니다. 평소 역사에 관심이 많아 역사책을 즐겨 읽는 친구가 있었습니다. 그 아이는 조선 시대의 정조 임금과 수원 화성에 관한 책을 읽었다며 반가워하며 정약용 이야기를 집중하여 읽고 수업에 가장 적극적으로 참여하는 태도를 보였습니다.

아이들은 다양한 경험을 통해 지식을 얻을 수 있습니다. 하지만, 모든 것을 직접 경험하려면 시간적, 공간적으로 제한이 있습니다. 그렇기에 독서를 통한 간접적인 경험으로 아이들은 다양한 지식을 습득할 수 있습니다. 아이들 각자 자신의 흥미에 맞는 책을 선택해서 깊이 있게 읽는다면 그 분야의 배경지식은 늘어나게 됩니다. 이런 배경지식들은 학생들이 수업 시간에 교사의 설명이나 교과서의 내용을 이해하는 것을 도와줍니다. 나아가 배경지식들은 수업 시간 집중도를 높이고 학생들이 발표나 토론을 할 때 뒷받침할 근거로 사용되며 아이들의 자신감 향상에도 도움을 줍니다.

3. 독서는 아이의 정서 지능과 사회성 발달에 도움을 줍니다

학급에서 유난히 다툼이 많고 친구들이 싫어하는 아이가 있었습니다. 그날도 다툼이 있었고 소리를 지르며 자신의 화난 마음을 표현하고 있었습니다. 함께 이야기 나누어 보니, 그 학생은 자신의 화난 감정을 스스로 처리하지 못하고 상대편 친구의 입장도 이해하지 못하는 모습이었습니다. 한참 이야기를 나눈 뒤에서야 싸움이 일어나게 된 이유와 자신이 잘못한 점을 겨우 받아들였습니다. 반면 다른 한 친구는 1년 내내 친구들 간에 다툼을 거의 일으키지 않았으며 반 친구들에게 인기가 많았습니다. 그 친구는 같이 노는 친구들 간에 다툼이 발생하였을 때 중간에서 서로의 입장을 공감하면서 문제가 커지기 전에 두 친구를 서로 화해를 시켰습니다. 이 두 친구의 차이는 무엇일까요?

바로 이들 간에는 정서 지능에서의 차이가 있다고 볼 수 있습니다. 정서 지능이란 자신의 감정을 인식하고 적절히 처리하고 조절하며 타인의 감정을 인식하고 이에 알맞게 대처할 수 있는 능력을 말합니다. 이런 정서 지능도 독서를 통해 기를 수 있습니다. 책에는 다양한 인물들이 등장하고 책을 읽는 사람들은 등장하는 인물들의 감정을 책을 읽으면서 간접적으로 느낄 수 있습니다.

또한, 책 속 인물들은 다양한 사건을 경험하게 되는데 독자들은 인물들이 처한 상황에서 어떻게 행동했고, 어떤 결과가 나타났는지를 살펴볼 수 있습니다. 이를 통해 책을 많이 읽은 아이들은 현실 생활 속에서도 상황에 맞추어 적절하게 대처하고, 자신의 감정도 스스로 조절할 수 있습니다. 그리고 자신의 감정뿐만 아니라 책을 통해 다른 사람들의 감정을 생각해보고 다른 사람의 입장에서 그 사람이 어떨지를 생각하여 말하거나 행동하는 방법을 배울 수 있습니다. 이는 아이의 사회성 발달로까지 연결됩니다.

4. 독서는 생각하는 힘을 기릅니다

흔히들 앞으로 다가올 4차 산업 혁명 시대에는 인공지능이 지배하는 사회가 될 것이라고 말합니다. 지식의 양이나 단순한 기술의 습득에서 인간은 절대 인공지능을 따라갈 수 없을 것입니다. 또한, 미래 사회에는 현존하는 직업의 많은 부분이 사라진다고 하기도 합니다. 그렇다면 미래를 살아갈 우리 아이들이 갖추어야 할 자질은 무엇일까요? 인공지능이 대체할 수 없는 인간만이 가진 능력은 바로 생각하는 힘입니다.

하지만 아이러니하게도 요즘 학교에서 만나는 아이들은 생각하는 힘을 점점 잃어버리고 있습니다. 수업 시간에 생각해야 답을 찾을 수 있는 문제를 주면 싫어하는 아이들이 대부분이며 적극적으로 답을 찾으려고 노력하는 아이들은 많지 않습니다. 2010년 전후로 태어난 아이들은 어렸을 때부터 영상 매체에 노출이 많이 되었고 주어진 학습과 놀이를 수동적으로 해왔기 때문입니다. 이런 아이들에게 생각하는 힘을 길러줄 방법은 무엇일까요?

바로 '독서'입니다. 책을 읽으면서 우리는 그림을 보고 글을 읽으면서 내용을 파악하는 것에서 그치지 않고 작가가 그 책을 통해 어떤 이야기를 하고 싶은지 생각하게 됩니다. 또한, 등장인물의 생각이나 행동에 대해 살펴보고 판단해 본 뒤, 자신의 생활과 연결 지어 보기도 합니다. 나아가 책 속의 생각들을 새롭게 해석하고 재구성하여 새로운 문제 해결 방법을 생각해 냅니다.

현장 체험학습의 중요성

현장 체험학습은 현장과 체험, 학습이란 세 단어가 합쳐진 합성어로서 교실이 아닌 현장에 나가서 체험을 중심으로 관찰, 조사하면서 전개하는 학습 방법으로 교실 밖에서 이루어지는 학습의 총칭입니다. 현장 체험학습이란 용어는 어디에서 언제 쓰이고 있을까요?

예전에는 학교에서 하루 날짜를 정해 밖에 나가서 놀았던 날을 '소풍'이라고 했었습니다. 이는 2007년 개정 교육과정부터, 단순히 놀러만 가는 것이 아니라 그동안 교실에서 배운 내용을 밖에서 확인하고 배운다는 의미로 '현장 학습'으로 수정되었으며 나아가 체험의 의미를 더해 현장 체험학습으로 바꿔서 부르고 있습니다.

현장 체험학습 장소는 학년별로 정하기도 하지만, 학교에 따라서는 학급별 혹은 학년에서 그룹을 정해 계획을 세우고 심의를 통해 정하기도 합니다. 교육 현장에서 체험학습을 우르르 가서 놀고만 오는 시간 보내기식이 아니라 학생들에게 도움이 되도록 바꾸자는 분위기가 형성되면서 이를 위해 다양한 방법이 모색되고 있습니다.

또한, 학교 외 학생들의 체험학습을 활성화하기 위해서 학교장 허가 교외체험학습이라고 해서 학교의 장은 교육상 필요한 경우 보호자의 동의를 얻어 교외체험학습을 허가할 수 있도록 초·중등교육법 시행령에 지정해 놓았습니다. 따라서 학생들은 신청서를 학교에 내고 신청 허가를 받은 뒤 현장 체험을 실시하면 됩니다. 신청서 양식은 학교마다 다를 수 있으며 보통 학교 홈페이지 공지 사항에 올려놓습니다. 혹시 양식을 못 찾는 경우, 담임선생님께 말하면 받을 수 있습니다. 그리고 교외체험학습을 다녀온 뒤 보고서를 제출하면 연간 정해진 날짜까지는 출석으로 인정됩니다. 학교마다 규정은 조금씩 다르지만, 가족 여행, 친·인척 방문, 견학 활동 등 학교에서 교육적으로 판단되는 교육적 활동인 경우, 학교장 허가 교외체험학습의 신청이 가능하며 연간 출석 인정 일수는 약 20일 이내로 정해져 있습니다(연간 출석 인정 일수는 학교, 지역별로 다를 수 있습니다).

이렇게 학교에서 소풍을 현장 체험학습으로 바꾸어 부르고, 학생들이 교외 체험학습을 갈 수 있도록 제도까지 마련한 이유가 무엇일까요? 이는 학생들이 책으로 공부하는 것뿐만 아니라, 다양한 체험을 통해 학습한 내용을 견고하게 하는 것도 중요하다는 생각이 반영된 것입니다. 구체적으로 현장 체험학습이 중요한 이유와 그 효과에 대해 하나씩 살펴봅시다.

1. 체험학습을 통해 학습의 효과성을 높입니다

4학년 2학기 과학 시간에 화산과 지진 단원 중 지진의 규모에 대해 학습할 때였습니다. 지진의 세기는 규모르 나타내고 규모의 숫자가 클수록 강한 지진이라는 것을 배우고 규모에 따른 지진의 피해 정도를 영상을 통해 보면서 정리하는 수업입니다. 아이들은 영상을 보면서 규모5나 규모7이 모두 건물이 무너지고, 부상자가 발생한다는 점에서 비슷하다고 생각하면서 수업에 참여하는 모습이었습니다. 그때 한 친구가 손을 들더니 과학관에서 지진 규모에 따른 흔들림을 체험하고 왔다면서 차이를 친구들에게 설명했습니다. 하지만 체험하지 못한 친구들에게는 그 개념이 정확하게 와 닿지 않는 듯 했습니다. 체험을 한 학생은 이 단원을 공부하는 내내 평소보다 더 관심을 가지고 집중하여 수업하는 모습을 보였습니다.

이렇게 학생들은 직접 현장에 가서 체험하고 몸으로 기억하는 경우 확실하게 개념을 이해하고 내용을 오래 기억할 수 있습니다. 또한, 늘어난 관련 배경지식으로 인해 수업 시간의 집중도도 높일 수 있습니다.

중국속담 중에 '말로 가르치면 잊어버리고 몸소 보여주면 기억할지도 모른다. 그러나 함께 체험하면 이해하게 된다'라는 것이 있습니다. 이는 단순하게 가르쳐주거나 견학하는 것에서 벗어나 체험을 하면 이해를 확실하게 하게 된다는 의미로 학습에서 체험학습의 효과를 함축적으로 담고 있습니다.

또한, 미국 교육연구소(NTL)에서 발표한 '학습 피라미드'에서도 우리는 직접 체험과 경험의 중요성을 알 수 있습니다. 이 연구는 다양한 방법으로 공부한 후 어떤 방법이 학습에 가장 효과적이었는지 피라미드 형태로 정리하였습니다. 학습효과가 가장 떨어지는 학습법은 학교나 학원에서 교사가 직접 설명하는 강의식 수업 방식으로 평균 기억률이 5%에 불과했습니다. 학생 스스로 읽으면서 하는 공부는 10%, 자료를 이용해서 보고 들었을 때는 20%의 효과가 있었고 시범이나 견학은 30%, 집단토의의 50%, 직접 해 보거나 체험하는 것은 75%의 효과를 보였습니다. 가장 뛰어난 학습법은 자신이 학습한 내용을 다른 사람에게 가르치며 설명하는 방법으로 무려 90%의 효과가 있었습니다. 이를 통해 학교에서 시청각 자료를 이용하거나 교과서를 읽거나, 선생님께 들어서 하는 일반적인 형태의 수업보다 직접 현장에서 연습하고 체험하는 것의 학습 효과가 월등히 높다는 것을 알 수 있습니다.

2. 체험학습은 두뇌 발달과 창의력을 기르는 데 도움이 됩니다

하워드 가드너 교수는 인간의 지적 능력은 서로 독립적이며 상이한 여러 유형의 능력으로 구성된다는 다중 지능 이론을 주장했습니다. 그러면서 인간의 지능을 언어 지능, 논리 수학 지능, 공간 지능, 신체 운동 지능, 음악 지능, 대인 관계 지능, 자기 이해 지능, 자연 탐구 지능의 8개로 구분하였습니다. 그중 공간 지능은 눈에 보이는 모든 형상과 마음속의 심상에 이르기까지 형태나 이미지와 관련된 지능으로 어렸을 때 성인이 된 후에는 잘 개발되지 않아 어릴 때 개발해 주어야 하는 지능입니다. 이런 공간 지능을 높이는 가장 좋은 방법은 새로운 장소에 많이 가서 눈으로 보고 손으로 만지며 활동하는 것입니다.

신경외과 의사 와일드 펜필드는 신체 각 부위가 대뇌에서 차지하는 비율에 따라 인간의 몸을 모형화한 모듈을 만들었는데 이를 '호문쿨루스'라고 합니다. 이 '호문쿨루스'를 살펴보면 손의 크기가 신체 중 가장 큰 것을 알 수 있습니다. 우리는 이를 통해, 손을 이용한 조작적 활동이 인간의 두뇌를 개발하는데 가장 큰 영향을 미친다는 걸 알 수 있습니다. 즉, 직접 만지고, 조작해보는 체험활동은 인간의 두뇌를 개발하고 나아가 생각하는 힘을 길러줄 수 있습니다.

하버드의 존레이티 교수는 체험학습을 하면 두뇌의 신경 가지치기가 활발하게 이루어지고, 신경 전달 물질이 활성화되면서 두뇌의 급격한 성장을 이룬다는 것을 알아냈다고 합니다. 이를 통해서 체험학습은 실제 두뇌 발달과 직접 연결이 됨을 알 수 있습니다.

요즘 여러 분야에서 새로운 것을 생각해 내는 힘인 창의력을 강조하고 있습니다. 현장 체험학습을 통해 평소와 다른 장소의 변화와 관심 있는 부분을 깊이 경험하고 살펴보면 자연스럽게 학생들은 새로운 생각을 떠올리게 되고 이가 창의력 발달과 연결될 것입니다.

3. 체험학습은 인성 함양 및 심리적 안정을 도와줍니다

요즘 아이들은 어릴 때부터 사교육을 많이 받아 학업 스트레스가 심한 경우가 많습니다. 학생들은 교실에서 강의식이나 시청각 자료를 활용한 수업에 비해 직접 현장에 나가서 보고 만지는 체험학습을 더욱 좋아합니다. 아이들이 코로나로 축소된 학교 행사 중 제일 아쉬워하는 것이 바로 현장 체험학습이라는 것만 봐도 알 수 있습니다. 이렇게 즐거운 체험학습을 많이 하고 학습과 자연스럽게 연결한다면, 학생들은 이를 통해 학업 스트레스도 해소하고 심리적 안정을 얻을 수 있습니다.

또한, 체험학습은 혼자 하기보다는 가족과 혹은 친구들과 함께 이루어지는 경우가 많습니다. 이렇게 함께 체험학습을 하면서 학생들은 다른 사람과 갈등이 생기면 해결해 나가게 되는데, 이를 통해 사회성을 기를 수 있고 함께 협업하는 방법을 습득할 수 있습니다.

'백문(百聞)이 불여일견(不如一見)'이라는 고사성어가 있습니다. 이는 한 번 보는 것이 백 번 듣는 것보다 훨씬 좋다는 뜻으로 무엇이든지 스스로 경험해야 제대로 알 수 있다는 의미입니다. 이 말을 가장 잘 실천한 것이 바로 현장에 직접 가서 체험하고 경험하면서 배우는 현장 체험학습입니다.

코로나 19로 인해 박물관이나 유적지의 단체 체험프로그램이 많이 축소되었지만, 코로나 19 이전에 주말이나 공휴일 박물관에 가보면 한 명의 지도 교사가 몇 명의 초등학생들을 데리고 이곳저곳을 함께 관람하며 설명해주고 있는 모습을 많이 볼 수 있었습니다. 앞에서도 살펴봤듯이, 분명 현장 체험학습은 학습적인 부분이나 인성적인 부분에서 긍정적인 효과가 있습니다. 많은 초등학생 자녀를

둔 학부모님들도 이를 공감했기에 다양한 체험프로그램을 찾아 자녀들을 참여시켜 왔던 것입니다.

그런데 학생들은 현장 체험학습을 통해 부모와 교사가 기대한 것만큼 효과를 보았을까요?

'아는 만큼 보인다'라는 말이 있습니다. 대학생 때, 처음 수원화성에 갔었습니다. 그때는 수원화성에 대해 단순히 정조 임금이 왕권을 강화하기 위한 목적으로 지었으며 정약용의 거중기를 이용해서 만들어졌다는 정도의 지식을 가진 상태였습니다. 따라서 단순히 수원화성의 아름다움과 생각보다 큰 수원화성을 보며 정약용이 만들었다는 거중기의 대단함을 느꼈습니다.

또한, 부족한 지식을 화성 내 건축물들의 낯선 이름 옆에 있는 설명을 읽으면서 조금 보충할 수 있었습니다. 시간이 흘러 선생님으로서 수원에 발령받게 되었습니다. 교사로서 수원화성에 대해 학생들에게 가르치게 되면서 좀 더 자세하게 알아야겠다는 생각이 들었고 『우리 아이 첫 수원 화성 여행』(삼성당)이라는 책을 사서 꼼꼼히 읽게 되었습니다. 그 후 다시 수원화성과 수원화성 박물관을 방문하였습니다. 이미 화성과 관련된 기본 지식을 지닌 상태였기 때문에 치와 포루, 옹성, 암문까지 하나하나 눈에 들어오고 마치 살아 움직이는 듯한 느낌을 받았습니다.

학생들도 필자와 마찬가지일 것입니다. 현장 체험학습이 단순히 야외에서 보는 멋진 구경거리로 끝나지 않기 위해서는 책과 함께 하는 체험학습이 되어야 합니다.

1. 책을 통해 얻은 사전 정보가 체험학습에 주는 긍정적인 효과

우리의 뇌는 특별한 것에 집중한다고 합니다. 『아이의 사생활』에서 아이들에게 12개의 단어를 말해주고 30초 동안 암기한 후 종이에 적어 보도록 지시했습니다. 아이들이 많이 기억한 단어들은 평범한 단어들보다 특별한 단어들이었다고 합니다. 이를 통해, 대뇌피질 신경세포는 방대한 정보를 취사선택하는 과정에서 강하고 중요한 자극, 즉, 특이한 것에 뚜렷한 반응을 보이고 중요하지 않은 약한 자극에 대해서는 반응을 보이지 않는다는 것을 알 수 있습니다.

학생들이 체험학습을 가서 다양한 유물과 관련 정보들을 얻는 것만으로도 좋습니다. 그렇지만 미리 책을 읽고 사전 배경지식이 있는 상태에서 체험학습을 간다면, 이 자체가 중요한 자극이 되어 유물과 정보들에 좀 더 집중하게 되고 관련 지식을 스펀지처럼 흡수하게 됩니다.

또한, 두뇌 중 변연계는 '감정의 뇌'라고 불리며 우리의 감정을 다스리고 기억을 주관하며 호르몬을 조절합니다. 이런 변연계는 복잡한 것에 불안을 느끼고 새로운 정보를 기존 지식 안에 적절히 배열할 수 없을 때 부담과 짜증을 느낀다고 합니다. 즉, 미리 배우거나 아는 것일 때 변연계는 피로감을 적게 느끼고 긍정적으로 받아들여 이전에 알고 있던 지식을 확장 시킬 수 있습니다.

따라서 책을 통해 사전 지식을 가지고 방문하는 체험학습은 학생들에게 진정으로 즐거운 경험이 되며 학생들이 원래 알고 있던 지식을 더욱 확장 시켜 나가는 발판이 될 것입니다.

2. 책과 체험학습은 상호보완적인 관계

앉아서 책을 읽는 것이 독서라면, 서서 책을 읽는 것은 여행이자 현장 체험학습입니다. 학생들은 시간적 공간적 제약으로 인해 모든 곳을 직접 가서 체험할 수는 없습니다. 따라서 책을 읽으면서 세상을 간접적으로 이해하는 것도 물론 너무 중요하고 그것만으로도 충분히 가치가 있습니다. 그러나 책에서 본 것을 체험으로 연결한다면 그 지식은 살아 움직이는 생생한 지식이 될 것입니다. 또한, 다녀온 뒤 읽는 체험장소와 관련된 책은 체험에서의 궁금증을 해결해 주고 지식을 더욱 확장 시키고 견고하게 하는 역할을 합니다.

이렇게 책을 읽고 배경지식을 갖고, 관련된 장소에 여행을 떠나 체험을 하고, 또 체험을 통해 배운 내용을 다시 책을 읽으면서 확장 시켜 나간다면 책도 여행도 모두 재미있고 의미 있는 활동이 될 수 있습니다.

Chapter 2

현장체험학습 알아보기

현장 체험학습의 과정

듀이는 "살아있는 지식이 아니면 지식으로서의 가치가 작다"라고 말합니다. 이는 단순히 책이나 체험을 통해 얻은 경험은 단편적인 지식에 해당하고 이 경험을 서로 연결하여 스스로 만들고 새롭게 창조할 때 살아있는 지식이 되고 이가 진정으로 가치 있는 지식이라는 의미입니다.

또한 『다섯 가지 미래 교육 코드』(김지영)에서 미래를 살아갈 내 아이의 키워야 할 능력을 다섯 가지로 나누어 제시하고 있습니다.

그 중 첫 번째로 자신의 정체성과 능력, 가치를 분명하게 아는 강인한 자아를 의미하는 자기력을 키워야 한다고 주장합니다. 이 자기력을 키우기 위해서는 학생들이 다양한 경험을 많이 하면서 자기 스스로에 대해 생각해야 합니다. 다양한 경험에는 책을 통한 간접 경험과 체험을 통한 직접 경험들이 포함됩니다. 그러나 많은 책을 읽게 하고 다양한 체험을 할 기회를 주는 것은 바람직하나 그냥 스펙 쌓기 식으로 제공하는 경험은 아이의 자기력을 키우는 데 그다지 도움이 되지 않는다고 합니다. 아이의 자기력을 높이기 위해서는 다양한 체험을 하는 것보다 그 체험을 통해 다양한 자기 질문과 성찰을 하도록 유도하여 진정한 경험으로 만들어 주어야 한다는 것입니다.

그렇다면 아이들에게 책과 함께 떠나는 체험학습이 자기력을 높이고 살아있는 지식이 되려면 어떻게 하면 좋을지? 바람직한 현장 체험학습의 과정에 대해 알아봅시다.

1. 현장 체험학습 가기 전 단계

현장 체험학습 가기 전 해야 할 일은 먼저 교과서를 살펴보고 목적, 장소, 날짜 등 계획을 미리 세우는 것입니다.

또한, 공부하기 전에 예습하면 학습에 임하는 태도가 적극적이고 집중력이 향상되어 학습의 효과를 높일 수 있는 것처럼 체험학습을 가기 전에 장소와 관련된 책을 찾아서 읽고, 필요한 준비물을 준비하도록 합니다.

📌 **계획 세우기**

　어떤 일을 시작할 때 계획을 세우면 높은 성과를 낼 수 있듯이 체험학습의 첫걸음은 계획을 세우는 것부터 시작됩니다. 현장 체험학습의 효과를 높이기 위해서는 계획을 세우는 과정부터 아이와 함께 하는 것이 좋습니다.

　계획을 세울 때 생각해야 할 것은 현장 체험학습의 목적입니다. 목적은 현장 체험학습을 왜 가는지에 대한 답으로서 장소를 정하는 것과 연관이 있습니다. 현장 체험학습의 목적과 장소를 정할 때는 교과서를 미리 보면 도움이 됩니다. 교과서를 살펴본 뒤 좀 더 자세히 알고 싶은 내용이 있는지 보고 싶은 유물이 있는지 등을 생각하면서 목적을 정하고 목적을 이룰 수 있는 체험학습 장소를 정합니다.

　예를 들어, 4학년 1학기 과학 2단원 지층과 화석 단원을 보고 지층을 이루고 있는 암석과 여러 가지 화석을 실제로 살펴보기라는 목적을 세우고 화석과 다양한 암석을 관찰할 수 있는 대전지질박물관으로 장소를 정할 수 있습니다.

　목적과 장소를 정한 뒤 방문 날짜를 정합니다. 날짜를 정할 때는 체험학습 장소의 휴관일과 등교일, 부모의 시간 등을 고려해야 합니다. 만약 아이가 등교하는 날에 체험학습을 가게 된다면 체험학습 떠나기 전 최소 3일 전에 학교장 허가 교외체험학습 신청서를 작성하여 담임선생님께 제출하여 허가를 받아야 합니다. 학교장 허가 교외체험학습 신청서는 학교마다 양식이 다르지만, 일반적으로 목적지와 보호자명, 목적, 체험학습계획을 간단하게 적고 서명을 하면 됩니다.

목적, 장소, 날짜가 정해지면 누구랑 갈 것인지도 함께 정합니다. 우리 가족끼리만 떠날 것인지, 아니면 친척이나 이웃집이랑 같이 갈 건지를 정하도록 합니다. 다른 집과 함께 체험학습을 갈 때 목적이 다르다면 체험학습의 과정에서 우왕좌왕하게 되고 제대로 진행되기 어려우므로 사전에 의논을 통하여 목적을 하나로 정하고 가는 것이 좋습니다.

함께할 사람들이 정해지면 역할을 나누어 아이도 현장 체험학습에 책임감 있게 참여할 수 있도록 합니다. 현장 체험학습에서 알아볼 것, 준비할 것, 확인할 것에서 역할을 나누어 서로 힘을 보탤 수 있도록 합니다.

✤ 장소와 관련된 배경지식 높이기

현장 체험학습을 가기 전 관련된 단원이 있다면 해당 단원 교과서를 한 번 꼼꼼히 읽어봅니다. 교과서를 읽고 나서 궁금한 점이 생긴 부분이 있다면 미리 관련된 책도 한두 권 읽어봅니다. 그리고 체험학습 장소와 관련된 기본적인 정보들을 홈페이지에 들어가서 확인합니다. 박물관이나 유적지에 간다면 해설사 프로그램을 이용할 것인지, 이용한다면 몇 시에 할 것인지, 관련된 체험프로그램은 어떤 것들이 있는지 등을 알아보고 신청이 필요하면 미리 신청합니다.

📌 준비물 챙기기

　　체험학습 떠나기 전 필요한 준비물도 미리 챙깁니다. 부모님이 다 준비하지 말고 아이와 함께 필요한 준비물이 무엇인지 생각해보고 같이 챙기도록 합니다.

　　체험의 목적과 장소를 고려한 옷차림을 하고 필기도구와 관련 책, 사진기와 같은 기록 도구 등을 준비합니다. 이 외에도 체험학습 장소에 따른 다양한 준비물을 생각해보고 준비하도록 합니다.

📌 현장 체험학습 계획서 작성하기

　　계획서는 앞서 정한 현장 체험학습의 목적, 장소, 날짜, 함께할 사람, 역할 나누기, 관련된 단원, 미리 읽은 책, 준비물 등을 한 장의 종이에 정리해서 작성합니다.

　　계획서를 미리 작성해 두면 방향을 잃지 않고 체험학습을 진행할 수 있으며 체험학습이 끝난 뒤 부족한 부분을 스스로 돌아볼 수 있어 더욱 효과적인 체험학습이 될 것입니다.

　　현장 체험학습 계획서의 양식은 체험학습의 종류와 상황에 따라 다양할 수 있으나 대표적인 양식은 다음과 같습니다.

현장 체험학습 계획서 양식(예시)

( )학년 ( )반 이름( )

체험장소		체험날짜	
체험목적			
체험할 사람			
역할 나누기			
관련 과목, 단원			
미리 읽은 책	책 제목		책 제목
	간단한 책 내용		간단한 책 내용
알고 싶은 내용			
준비물			
주의할 점			

2. 현장 체험학습을 하며

　현장 체험학습의 효과를 높이고 아이에게 즐거운 경험이 되기 위해서 지켜야 할 원칙들은 다음과 같습니다.

　첫째, 현장 체험학습의 목적을 떠올리면서 유물이나 전시물들을 최대한 자세하게 살펴보도록 합니다. 자세하게 살펴보기 위해서는 각 부분을 뜯어서 살피거나 놓치기 쉬운 부분까지 구석구석 살펴보아야 합니다. 예를 들어 우리나라의 전통 가옥에 대해 알아보기 위해 떠난 현장 체험학습에서는 전통 가옥을 형성하는 각 부분인 기둥, 서까래, 처마, 기와, 지붕 등을 뜯어서 살펴볼 수 있습니다. 또한, 처마 아래에 숨어있는 동물을 찾거나 문살이 어떤 모양인지 살펴보기 등과 같이 구석구석 살펴볼 수 있습니다.

　더 나아가 단순하게 보는 것뿐만 아니라 직접 손으로 만지고, 듣는 등 오감을 사용하도록 합니다. 이때 체험장소에 마련된 프로그램을 활용하는 것도 좋습니다.

　둘째, 단순히 자세히 보는 것에서 조금 더 나아가서 생각의 틀을 바꾸어 살펴보도록 합니다. 즉, 과거의 유물을 보고 현재와 연결해보기도 하고, 유물을 만들기 전 사람들의 생활을 상상해 보고 그 유물을 어떻게 처음 만들게 되었는지도 생각해볼 수 있습니다. 또한, 장소를 바꾸어서 유물이 왜 이 장소에서 만들어지게 되었는지 다른 장소에서 발견되지 못했다면 그 이유는 무엇인지도 생각해볼 수 있습니다.

셋째, 모든 전시품이나 유물과 유적지를 다 봐야겠다는 욕심을 버리고 느긋하게 둘러봅니다. 예전에 해외여행을 하면 주요 관광지를 정신없이 돌아다니고 많이 갔다 오는 게 남는 것이라는 식의 목적지 찍기 여행을 많이 했었습니다. 그런 여행은 다녀오면 별로 기억에 남지 않고 힘들었다는 감정만 남게 됩니다. 모든 것을 다 보는 것보다 목적에 맞게 하나라도 제대로 자세하게 보는 것이 좀 더 의미 있는 현장 체험학습이 될 것입니다. 이를 위해 한곳에 오래 머무르거나 멀지 않다면 갔던 곳을 주제를 다르게 해서 또 가보는 것도 좋습니다.

넷째, 현장 체험학습을 하면서 알게 된 점이나 새롭게 생긴 궁금한 점이 있다면 준비한 필기도구를 활용하여 적도록 합니다. 적는 게 어렵다면 녹음기를 이용하여 녹음하는 것도 좋습니다. 또한, 체험활동 중 기억하고 싶은 유물이나 전시품이 있다면 사진기를 이용하여 사진을 찍어둡니다. 사람의 기억력은 한계가 있어서 기록해 두지 않으면 금방 잊어버립니다. 따라서 다양한 방법을 이용하여 현장 체험학습에서 본 것, 들은 것, 한 것들을 기록해 두는 것이 좋습니다.

3. 현장 체험학습을 다녀와서

학생들이 함께 현장 체험학습 계획을 세우고, 앞서 말한 원칙을 갖고 체험학습을 다녀왔다면 이미 그 과정에서 많이 배웠을 것입니다. 하지만 체험 후 활동을 통해 부족한 부분을 채우고 익혀 나간다면 학습적, 정서적인 면에서 학생들이 더욱 성장하는 계기가 될 것입니다.

📌 현장 체험학습 보충하기

현장 체험학습을 하고 난 뒤 학생들은 궁금한 점이나 알고 싶은 점이 생기는 경우가 있습니다. 그럴 때 그냥 넘어가지 말고 관련된 책이나 자료를 찾아서 읽어보고 정리하면 더 깊이 있는 학습을 할 수 있게 됩니다. 학생들은 이미 현장 체험학습 전과 체험학습 과정 중에 배경지식을 많이 쌓은 상태입니다. 따라서 관련된 책을 읽으면 내용이 좀 더 쉽게 느껴지고 체험장소에서 본 것, 경험한 것들과 연결되면서 지식이 살아 움직이는 듯한 느낌을 받을 것입니다.

또한, 현장 체험학습 후, 부모는 아이의 느낌과 생각을 물어보고, 본 것과 아이 자신을 연결할 수 있는 질문을 하며 함께 이야기를 나누어 보면 좋습니다. 그렇게 한다면 현장 체험학습은 단순한 경험에서 나아가 아이가 스스로 들여다보는 계기가 되어 자기력을 성장시킬 수 있을 것입니다.

📌 현장 체험학습 보고서 작성하기

앞서 말한 학교장 허가 교외 체험학습을 갈 경우, 다녀온 뒤 일정한 양식에 맞춰 보고서를 작성해서 제출해야 합니다. 그러나 단순히 학교에 제출하기 위해서가 아니라 현장 체험학습 보고서는 내 아이의 경험과 성장을 담은 하나의 포트폴리오 자료가 될 수 있습니다.

『내 아이의 꿈의 목록, 포트폴리오』(차경희)에 따르면 '포트폴리오는 단순하게 입시나 취업에 필요한 도구가 아니다. 포트폴리오는 부모나 평가자가 아이와 바르게 의사소통할 수 있게 돕고, 나아가 아이의 잠재력과 능력을 이해하는 기회를 제공한다'고 합니다.

즉, 현장 체험학습 보고서는 차곡차곡 모아 두었을 때 포트폴리오가 될 수 있으며 이는 아이가 스스로 자신에 대해 이해하는 소중한 자료가 됩니다. 사람들은 경험한 것을 기록하지 않으면 시간이 지나면 잊어버리게 됩니다. 현장 체험학습도 마찬가지입니다. 잊어버리기 전에 소중한 자료들을 다양한 형태의 보고서로 작성한 뒤 꼭 모아 두도록 합니다.

그렇다면 현장 체험학습 보고서는 어떻게 작성할 수 있을까요?
현장 체험학습 보고서에는 체험장소와 목적, 날짜, 체험한 사람을 적고 체험을 통해 알게 된 점을 기록합니다. 그리고 체험하면서 한 것, 본 것, 들은 것을 체험 내용에 적고, 체험을 통해 새롭게 알게 된 점을 기록합니다. 이때 체험 내용과 체험을 통해 새롭게 알게 된 점은 글로 적어도 되지만 그리기나 만들기를 활용하여 다양한 방법으로 표현해도 됩니다. 또한, 체험하면서 힘들었거나 즐거웠던 점 등 느낀 점들을 적도록 합니다. 나아가 체험학습을 하면서 궁금한 점이나 더 알고 싶은 점, 더 읽고 싶은 책도 적어 본다면 현장 체험학습이 더욱 깊이 있는 배움으로 확장될 것입니다.

현장 체험학습 보고서에 들어갈 내용을 넣어 한 장으로 만든 양식은 다음과 같습니다. 양식은 예시로 다양하게 변경하여 활용 가능합니다.

✒ 현장 체험학습 후 활동

보고서가 아니더라도 현장 체험학습 후 다양한 활동들을 할 수 있습니다. 체험 내용이나 체험하면서 생각하거나 느낀 점을 일기나 기행문과 같은 형태의 글쓰기나 만화나 풍경 그리기로 표현할 수도 있습니다. 또한, 다양한 재료를 사용하여 체험과 관련된 공예품을 만들어 보는 활동도 할 수 있습니다. 또한, 가족이 함께 현장 체험학습에서 찍어온 사진을 골라 붙이고 간단한 설명을 함께 적어서 사진첩 만들기 활동도 할 수 있습니다.

저학년 아이들의 경우에는 보고서 쓰기나 체험 후 활동이 어려울 수 있습니다. 그럴 경우는 가족과 현장 체험학습을 다녀와서 간단하게 즐거웠던 것, 기억에 남는 것 등 관련된 이야기를 함께 나누면서 체험활동을 돌아보는 활동만 해도 좋습니다.

현장 체험학습 보고서 양식(예시)

(   )학년 (   )반 이름(   )

체험장소		체험날짜	
체험목적			
체험한 사람			
체험한 내용			
체험을 통해 새롭게 알게 된 점			
체험하면서 느낀 점			
더 알고 싶은 점			
더 읽어 볼 책			

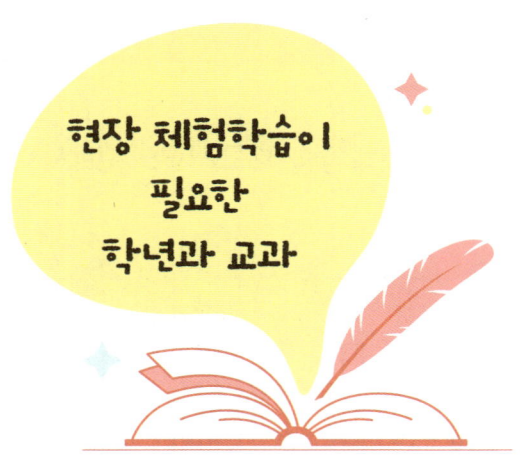

2015 개정 교육과정에 따르면 초등학교 교육과정은 교과(군)와 창의적 체험활동으로 편성되어 있습니다. 1~2학년은 국어, 수학, 바른 생활, 슬기로운 생활, 즐거운 생활의 5개의 교과와 창의적 체험활동인 안전한 생활로 구성되어 있습니다. 3~4학년은 국어, 수학, 사회/도덕, 과학, 영어, 예술(음악, 미술), 체육의 7개의 교과와 창의적 체험활동으로 구성되어 있으며 5~6학년은 3~4학년과 비교하여 과학을 과학/실과로 분화하여 편제하였다는 점만 다릅니다.

　교육과정 상 편제된 교과를 바탕으로 실제 과목명과 교과서가 구성됩니다. 1~2학년은 『국어』, 『수학』과 바른 생활, 슬기로운 생활, 즐거운 생활을 주제 중심으로 통합한 『봄』, 『여름』, 『가을』, 『겨울』의 통합교과와 『안전한 생활』을 배우게 됩니다. 이때 『봄』, 『여름』, 『가을』, 『겨울』 교과서는 한 번에 배우는 것이 아니라 순차적으로 이어서 배우게 됩니다. 3~4학년은 교육과정에 제시된 7개의 교과를 『국어』, 『수학』, 『사회』, 『도덕』, 『과학』, 『영어』, 『음악』, 『미술』, 『체육』의 9개로 분화하여 배우게 됩니다. 또한, 5~6학년은 3~4학년에 비해 『실과』 과목이 추가되며, 영어 수업이 주당 1시간 늘어나게 됩니다.

피아제의 인지발달 단계에서는 초등학교 1학년에서 4~5학년인 7세~11세까지를 실제 경험과 시행착오와 같이 사실에 근거해서 인지적으로 조작하는 구체적 조작기에 해당한다고 합니다. 또한, 5~6학년에 해당하는 12세부터는 구체적으로 존재하지 않는 사상이나 아이디어에 대해서도 사고할 수 있으며 실제와 다른 상황에 대한 사고가 가능한 형식적 조작기라고 합니다.

이런 발달 단계에 따르면 초등학교 거의 모든 시기, 특히 구체적 조작기에 해당하는 1~4학년 시기에는 책을 통한 간접 경험과 현장에 가서 보고, 듣고, 조작하는 직접 체험을 적절히 조화하여 학습과 연결할 때 그 효과가 크다고 할 수 있습니다.

예를 들어, 초등 1학년 1학기 국어는 2단원 〈재미있게 ㄱㄴㄷ〉, 3단원 〈다 함께 아야어여〉, 4단원 〈글자를 만들어요〉입니다. 이 단원들에서는 한글의 자음과 모음에 대해 알아보고 글자의 짜임을 알고 바르게 읽고 쓰는 것을 학습합니다. 수업 시간에 몸으로 놀이와 소리를 통해 관련 내용을 배우지만, 이때 한글박물관을 방문하여 한

글의 원리를 놀면서 배우고 관련된 전시를 살펴보면 한글에 대해 가깝게 느끼며 확실하게 짜임과 구성을 이해할 수 있을 것입니다.

또한, 수학 교과는 배우는 내용이 실제 생활과 연관이 없다고 느끼거나 기본 개념을 이해하지 못해 어려워하는 아이들이 있습니다. 그런 학생들의 경우 안동, 대구, 충북 등 여러 지역에 있는 수학체험센터를 방문하여 직접 만지면서 수학의 원리를 이해하고 수학에 가까워지는 체험을 하는 것이 도움될 것입니다.

그렇다면 초등학교에서 특히 현장 체험학습이 필요하고 도움이 되는 교과목이 있을까요? 바로 1~2학년에서는 통합교과, 3~6학년에서는 사회, 과학 교과일 것입니다. 그렇다면 왜 이런 교과들에서 특히 현장 체험학습이 필요한지 알아봅시다.

1~2학년의 통합교과는 바른 생활, 슬기로운 생활, 즐거운 생활을 통칭해서 부르는 말입니다. 바른 생활은 기본 생활 습관을 배우고 실천하는 교과로, 3학년의 도덕 교과와 연결되며 슬기로운 생활은 주변에 관해 탐구하는 교과로, 3학년의 사회, 과학 교과로 연결됩니다. 즐거운 생활은 창의적으로 표현하는 교과로, 3학년의 음악, 미술, 체육 교과로 이어집니다. 따라서, 통합교과는 실천하고 탐구하고 표현하는 것을 배우는 교과로 주제를 중심으로 여러 영역을 학습하며, 체험활동 위주의 내용으로 이루어져 있습니다. 따라서 아이와 함께 교과서 단원과 관련된 장소를 방문하여 다양한 활동 위주로 경험한다면 통합교과 공부에 많은 도움이 될 것입니다.

1. 사회 과목에서 현장 체험학습이 필요한 이유

　2015 개정 사회과 교육과정에 따르면 초등 사회의 목표는 학생들이 주변의 사회 현상에 대하여 관심과 흥미를 느끼며, 생활과 관련된 기본적 지식과 능력을 습득하고, 이를 자신의 주변 환경이나 문제에 적용할 수 있는 적극적인 태도를 기르는 데에 있습니다. 이러한 목표를 달성하기 위해 사회 과목에서는 정치, 법, 경제, 지리, 역사와 같은 광범위한 내용을 주제 중심으로 통합하여 다루고 있습니다. 또한, 환경 확대법에 따라 3학년은 고장, 4학년은 지역, 5학년은 우리나라, 6학년은 세계로 나를 중심으로 해서 점차 먼 곳으로 확장하여 관련 내용을 배열하고 있습니다.

　이에 따라 사회 과목에서는 실제 생활과 관련 있는 인권, 법, 경제의 넓은 부분들을 다루고 있고 새로운 용어와 개념들이 많이 나옵니다. 그렇다 보니 학생들이 사회 교과를 어려워하는 경우가 많습니다. 실제로 2012년 전남교육정책연구소에서 전라남도 지역 초등학생들을 대상으로 실시한 설문조사에서 가장 싫어하는 교과목 1위가 '사회'로 나왔으며 그 이유로는 '공부하기 어려워서'였습니다. 그럼 학생들이 사회에서 나오는 어려운 개념들을 쉽게 이해하는 방법이 없을까요?

　4학년 1학기 1단원 지역의 위치와 특성 중 우리 지역의 중심지를 답사해보는 시간이었습니다. 답사 과정과 중심지의 종류에 대해 알아보고 직접 답사나 온라인 답사를 하도록 하였습니다. 이 부분에서는 '중심지, 상업의 중심지, 행정의 중심지, 산업의 중심지, 관광의 중심지, 답사'와 같은 새로운 용어들이 나와서 아이들이 처음 개념을 접하고 어려워했습니다. 그러나 막상 현장에 가서 직접 보고 듣고, 경험한 뒤에는 아이들이 낯선 개념들에 대해 확실하게 이해하였고, 오랜 시간이 지나서도 계속 관련 용어들을 정확하게 기억하는 모습을 보였습니다.

이렇게 사회 교과에서 나오는 낯선 용어와 개념들이 학생들의 상황과 실제 체험활동과 연결된다면, 아이들이 좀 더 쉽게 이해하고 받아들일 것입니다. 즉, 광범위한 부분을 다루고 어려운 개념과 용어가 등장하는 사회과에서는 현장에서 체험을 통해 학습하는 것이 다른 교과와 비교했을 때 더욱 필요합니다. 현장 체험학습을 통해 배경지식의 증가하고 관련 개념의 이해도를 높일 수 있으며, 이는 사회에 대한 호기심과 선호도를 높이며 결국 학습의 효과를 높이게 될 것입니다.

또한, 5학년 2학기와 6학년 1학기에는 고조선 시대부터 현대까지 역사를 통사적으로 다루고 있습니다. 역사는 현재 존재하지 않는 과거의 사실들을 다루고 있어서 아이들에게 낯설고 어려울 수 있습니다. 학교 현장에서도 실제로 일부 관심 있는 아이들을 제외하고 역사를 단순히 외워야 하는 것이라 생각하고 어려워합니다. 학생들이 실제 과거의 유물들을 보고 체험하면서 그 당시의 생활을 떠올려 본다면 훨씬 쉽게 이해할 수 있을 것입니다.

2. 과학 과목에서 현장 체험학습이 필요한 이유

2015 개정 과학과 교육과정에서 과학과의 목표는 자연현상과 사물에 대하여 호기심과 흥미를 느끼고, 과학의 핵심 개념에 대한 이해와 탐구 능력의 함양을 통하여, 개인과 사회의 문제를 과학적이고 창의적으로 해결하기 위한 과학적 소양을 기르는 것이라고 제시되어 있습니다.

목표에서 언급한 것처럼 과학과는 바람, 물, 흙, 날씨 등 다양한 자연현상을 다루고 있습니다. 흔히 주변에서 볼 수 있는 자연현상이지만 그 속에 숨어있는 과학적 원리와 관련 개념을 이해하기가 쉽지 않습니다. 직접 체험을 통해 과학적 원리를 이해한다면 학생들은 이를 확실하게 이해할 뿐만 아니라 실제 주변에서 일어나는 현상과도 연결할 수 있을 것입니다.

2015년에 아이스크림 홈런에서 실시한 설문조사에서 3~6학년이 가장 좋아하는 과목의 1위가 과학이었습니다. 2명 중 1명이 과학을 가장 좋아한다고 대답한 만큼 실제 교실에서도 아이들은 과학 시간을 좋아하고 기다렸습니다. 이와 같은 설문 결과가 나오는 이유는 바로 과학 시간에 '실험'을 하기 때문입니다. 즉, 과학 시간에는 다른 교과에 비해 직접 손으로 무엇인가를 조작하고 탐구하는 실험 활동을 많이 하기 때문에 아이들이 좋아하는 것입니다. 그러나 교실에서 관련된 실험을 모두 할 수 없는 상황도 있고, 개념을 익히는 것에서 나아가 넓히는 데에는 실험만으로는 부족할 수 있습니다. 따라서 학생들이 관련된 장소를 견학하거나 탐방하여 체험한다면 과학에 대해 흥미를 일으키고 학습한 개념을 확장하는 데 도움이 될 것입니다.

이렇게 1~2학년 통합교과, 3~6학년 사회, 과학 교과에서 특히 구체적인 경험을 통한 체험학습이 특히 도움됩니다. 그러나 5~6학년의 경우, 피아제의 인지발달 단계에서 형식적 조작기로 들어가는 시기이며, 교과 학습량이 늘어나기 때문에 1~4학년에 비해 직접 체험을 통해 얻는 효과가 작을 수 있습니다. 또한, 이때는 사춘기로 접어드는 시기이므로 부모와 함께 교과서를 살펴보고 미리 관련 책을 읽어 배경지식을 늘리고 체험학습을 하는 과정이 쉽지 않을 수 있습니다. 따라서 저자는 1~4학년, 통합교과와 사회, 과학 교과에 초점을 맞추어 교과서 내용, 관련 내용, 체험학습 장소를 소개하였습니다.

Chapter 3

몸으로 놀며 배우는 1학년

1학년의 특징

　　　　　　　　　　　　　1학년은 처음 학교에 입학하는 시기로 모든 것이 낯설어서 적응하는 시간이 필요합니다. 특히 1학년 아이들은 유치원생들과 비슷하게 자유롭고 자기중심적인 사고를 합니다. 따라서 친구들과 이야기를 할 때 친구의 말을 들으려 하기보다는 자기 이야기만 하는 경우가 많습니다. 또한, 1학년 아이들은 균형 감각이나 소근육에 비해, 대근육이 발달하여 움직임이 많고 활동적이어서 앉아서 하는 활동을 어려워하기도 하는데 특히 남자 아이들의 경우 더 그런 경향을 보입니다.

　초등학교 대부분의 1학년은 아이들의 입학 초기 적응을 위해 3월 한 달 정도 창의적 체험활동 시간을 배정해둡니다. 이때 아이들은 『즐거운 우리 학교』, 『1학년이 되었어요!』와 같은 지역별 교육감 인정도서를 활용하여 학교와 교과서, 기본적인 학습 태도와 방법에 대해 배우고 학교에 적응해 나갑니다. 이후 1학년 아이들은 『국어』, 『수학』, 『통합교과』(봄, 여름, 가을, 겨울), 『안전한 생활』 교과를 수업 시간에 배우게 됩니다. 『통합교과』는 앞서 언급했듯이 즐거운 생활, 바른 생활, 슬기로운 생활을 주제 중심으로 통합한 것으로 아이들은 『봄』, 『여름』, 『가을』, 『겨울』이라는 교과서를 통해 학습합니다. 따라서 통합교과는 기본 생활 습관을 습득하고 주변에 대해 살펴보고, 탐구하며 이를 창의적으로 표현하는 교과라고 할 수 있습니다.

몸을 움직이는 것을 좋아하며 집중력이 부족한 1학년 아이들에게는 직접적 경험을 통한 학습이 효율적이며 특히 주변을 살펴보고 탐구하는 통합교과의 경우 현장에 나가서 직접 체험하는 것이 더욱 도움됩니다.

1. 통합교과 내용 분석

　1학년 통합교과의 1단원은 학교, 가족, 이웃, 나라에 대해 다루고 있는데 나의 주변에서부터 시작해서 점차 내용이 확장되어 나간다고 할 수 있습니다. 또한, 2단원은 교과서 이름에 맞게 봄, 여름, 가을, 겨울을 주제로 봄에 볼 수 있는 동식물, 여름 날씨의 특징, 여름에 사용하는 생활 도구, 가을의 특징과 추석, 가을과 관련된 놀이, 겨울 날씨의 특징, 겨울의 모습과 관련된 놀이에 대해 학습합니다.

1학년 통합교과		1단원	2단원
시기	교과서		
1학기	봄	학교에 가면	도란도란 봄 동산
	여름	우리는 가족입니다	여름 나라
2학기	가을	내 이웃 이야기	현규의 추석
	겨울	여기는 우리나라	우리의 겨울

따라서 학생들은 평소 봄, 여름, 가을, 겨울 각 계절의 특징에 대해 생각해보고 주변 생태 공원을 방문하여 환경의 변화와 볼 수 있는 동식물들을 살펴보면 좋습니다. 특히 가을에는 가을의 특징과 함께 추석의 풍습과 모습에 대해 다루고 있으므로 국립민속박물관을 방문하여 체험을 통해 관련된 풍습과 문화에 대해 알아보면 좋습니다.

색상 표시한 1학년 1학기 『봄』 2단원 〈도란도란 봄 동산〉과 1학년 1학기 『여름』 2단원 〈여름 나라〉, 2학기 『겨울』 1단원 〈여기는 우리나라〉의 세부 교과 내용과 체험장소, 함께 읽으면 좋은 책들은 다음에 자세히 소개해 두었습니다.

2. 1학년 1학기 『봄』 2단원 - 도란도란 봄 동산

✤ 교과서 분석

주변에서 봄에 볼 수 있는 것들을 찾아보고 직접 나가서 학교 주변의 봄 친구들을 돋보기를 활용하여 살펴봅니다. 그리고 봄에 볼 수 있는 동물과 식물들과 들을 수 있는 소리를 찾아서 흉내 내어 보고 봄 동산에 사는 친구들을 여러 재료를 활용하여 만들어 보며 생명의 소중함에 대해서 알아봅니다.

여러 가지 씨앗을 살펴보고 직접 씨앗을 심고 자라는 모습을 관찰해봅니다. 나아가 새싹과 꽃을 몸으로 표현해보고, 새싹이 잘 자라는 데 필요한 것을 찾아봅니다. 또한, 나무가 우리에게 주는 도움을 생각해 본 뒤 나무를 아끼고 사랑하는 태도에 대해 알아보고 실천해봅니다. 그리고 봄나들이할 때 지켜야 할 점을 알아보고 직접 나가서 봄놀이한 뒤, 다양한 방법으로 표현해봅니다.

📌 체험장소

이 단원에서는 다양한 봄 친구들을 살펴보고 알아보는 부분이 있으므로 집 주변에 있는 아차산 생태 공원, 여의도 샛강 생태 공원, 시흥 갯골 생태 공원, 군포 초막골 생태 공원 등과 같은 다양한 생태 공원과 서울숲에 나들이하면 좋습니다. 또한, 포천국립수목원, 국립세종수목원과 같은 수목원이나 꽃박람회를 방문해서 봄에 볼 수 있는 식물과 나무들을 다양하게 살펴보면 더욱 도움이 됩니다. 이때 아이들과 나들이하면서, 교과서에서 학습한 것과 연결하여 생명을 소중하게 여기는 태도를 실천해보도록 합니다.

포천국립수목원

위치: 경기 포천시 소흘읍 광릉수목원로 509
운영시간: 4월~10월(9:00~18:00), 11월~3월(9:00~17:00)
휴원일: 매주 월요일, 1월 1일, 설날 및 추석 연휴, 1, 2, 12월 매주 일요일 휴원
연락처: 031-540-2000
* 주차장 이용 차량 없이 대중교통, 자전거, 보행으로 입장하는 경우, 예약 없이 현장 입장 가능(1일 입장 인원은 4,500명 이하)
* 주차장 이용: 차량을 사전에 예약한 사람만 입장 가능함.
(1일 예약 가능 차량은 오전, 오후에 각각 300대 이하 가능함)

포천국립수목원은 광릉숲 보전대책의 추진을 위하여 1999년 임업연구원 중부임업시험장으로부터 독립하여 신설된 우리나라 최고

의 산림생물종 연구기관입니다. 식물의 용도와 생육 특성에 따라 수생식물원, 덩굴식물원, 관상수원, 백합원, 소리정원 등 24개의 전문수목원이 조성되어 있습니다.

또한, 국립수목원 내에는 5개의 상설전시실과 특별전시실로 구성된 산림박물관이 있습니다. 제1전시실은 '살아있는 숲'으로 느티나무 상징목과 다양한 목재표본들이 전시되어 있습니다. 또한, 제2 전시실은 '산림문화관'으로 고대부터 현대까지의 산림역사에 관한 자료를 시대별로 나누어 제시하고 있으며 목재의 성질, 특성, 가공에 대해 표본 샘플을 통해 전시하고 있습니다. 제3전시실은 '다면영상관'으로 산림의 중요성과 생물보전의 중요성 등을 관련 영상을 통해 전달하고 있습니다. 제4전시실은 '산림생명관'으로 우리나라의 대표적인 참나무림을 디오라마로 전시하고 있어 숲의 모습을 직관적으로 이해하도록 합니다. 또한, 자원으로서의 곤충과 그에 대한 설명이 표본과 함께 제시되어 있고 광릉숲의 역사와 현재 모습이 디오라마와 검색시스템을 통해 이해하도록 구성되어 있습니다. 제5전시실은 '한국의 자연'으로 시청각실과 함께 낙엽송과 잣나무를 활용하여 돔 형태로 만들었으며 식물 사진들을 전시하고 있는 공간으로 꾸며져 있습니다.

국립수목원은 하루에 다 구경하기에는 너무 넓고 식물의 종류도 많아서 힘들 수 있습니다. 따라서 수목원에서는 방문하는 관람객들이 다양한 방법으로 수목원을 즐길 수 있도록 여러 가지 주제와 코스를 정해 두고 있습니다. 홈페이지에 들어가면 코스와 함께 코스별 소요 시간, 거리를 기재해두고 있으므로 살펴보고 목적에 맞는 코스를 선택하면 됩니다. 초등학생들이 가족과 함께 방문하면 좋은 코스로는 산림박물관과 함께 소리를 테마로 꾸며놓은 정원과 덩굴식물을 볼 수 있는 느티나무·박물관길이나 수생식물원과 난대식물온실, 꽃식물과 양치식물에 대해 살펴볼 수 있는 식물진화 탐구길이 있습니다.

국립수목원에는 관람객들에게 수목원의 역할을 알리고 산림생물 전반에 대한 지식을 전달하기 위한 수목원 해설프로그램이 10시부터 시간별로 마련되어 있습니다(1~2월에는 화~토요일만 진행함). 관람객들은 매표소 맞은 편에 있는 해설센터에서 현장 신청을 통해 해설프로그램에 참여할 수 있습니다. 또한, 주말에 10:30, 14:30에 6~9세 어린이를 대상으로 한 '광릉숲 보물찾기'와 10~13세 어린이를 대상으로 한 '산림생물 탐사하기' 프로그램을 선착순 접수하여 무료로 진행하고 있습니다.(프로그램은 변경될 수도 있으므로 미리 확인한 후 방문하도록 합니다)

서울숲

위치: 서울 성동구 뚝섬로 273 성수동 1가 685-20
운영시간: 매일 24시간 연중무휴 운영
곤충식물원: 10:00~17:00(월요일 휴관), 동절기(11~4월, 단축운영 11:00~16:00)
나비 정원: (5~10월) 10:00~17:00(월요일 휴관)
연락처: 02-460-2905

    서울숲은 문화예술공원, 생태숲, 체험학습원, 습지생태원의 네 가지 공간으로 구성되어 있으며 굉장히 넓어 한 번에 다 돌아보기에는 어려울 수 있습니다. 각 공간의 구성과 특징을 살펴본 뒤 한두 구간을 정해서 둘러보는 것을 추천합니다. 또한, 1인용, 2인용, 페달카드 등 다양한 탈 것을 대여하는 곳도 공원 내부에 있으므로 확인한 뒤 활용하는 것이 좋습니다.

 문화예술공원에서는 다양한 문화행사가 진행되는 가족마당, 숲속 놀이터와 어린이정원, 체육공원, 거울 연못, 물놀이터 등으로 구성되어 있으며 조성된 길을 따라 산책하면 다양한 꽃과 나무들을 볼 수 있습니다. 생태숲에는 숲과 함께 꽃사슴들을 관찰할 수 있는 사슴 우리와 바람의 언덕이 있습니다. 체험학습원에서는 곤충식물원과 나비 정원, 꿀벌 정원으로 구성되어 있어 아이들의 체험학습 공간으로 좋습니다. 곤충식물원에서는 다양한 열대 식물들과 함께 곤충, 어류들을 볼 수 있고 나비 정원에는 다양한 종류의 나비와 나비 먹이 식물들과 나비 애벌레나 번데기가 우화 되는 과정도 볼 수 있어 3학년 1학기 과학 동물의 한살이 단원과 연관 지어 방문해도 좋습니다. 습지생태원에서는 생태학습장과 유아 숲 체험장, 조류관찰대 등이 있는데, 조류관찰대에서 괭이갈매기와 왜가리를 관찰할 수 있으며 습지에서 자라는 다양한 식물들을 볼 수 있습니다.

📚 같이 읽으면 좋은 책

『봄 숲 봄바람 소리』 우종영 글/ 레지나 그림/ 파란자전거

이 책은 동화적인 그림에 봄을 묘사하는 동시 같은 구절과 의성어, 의태어들로 가득 찬 그림책입니다. 글 밥이 많지 않아 아직 한글이 익숙하지 않은 1학년 아이들이 어렵지 않게 읽을 수 있으며 책을 읽고 주위에서 들려오는 봄의 소리를 책과 다르게 표현해보는 활동과 연결할 수 있습니다. 또한, 책의 마지막에 QR코드를 활용하여 〈봄바람 소리〉라는 노래를 들어 볼 수 있도록 제시되어 있습니다. 이 그림책의 장면이 1학년 『봄』 교과서 54~55쪽, 76~77쪽, 92~93쪽에 실려있습니다.

『봄 숲 놀이터』 이영득 글/ 한병호 그림/ 보림

이 책은 혼자 놀던 강이와 강아지 구슬이가 우연히 나타난 다람쥐를 따라 숲에 갔다가 토끼, 오소리, 박새, 멧돼지, 여우를 만나 함께 꽃밥을 만들어 먹고, 그네를 함께 타면서 숲에서 즐겁게 지내는 내용입니다. 강이가 지나가는 동선에 따라 봄 숲에서 만나게 되는 동물과 꽃들, 숲의 모습이 그림과 글을 통해 제시됩니다. 함께 봄나들이 가기 전에 읽어보면 좋으며 책의 마지막 페이지에 나와 있는 QR코드를 찍어보면 책 속에 나왔던 꽃과 나무의 실제 사진과 설명을 볼 수 있습니다.

🔍TIP 함께 나누면 좋을 이야기

- 봄이 되어 겨울과 달라진 점은 무엇일까?
- 봄이 되면 풀과 나무들이 어떻게 달라질까?
- 봄이 되면 동물들은 어떻게 달라질까?
- 봄에 주변에서 어떤 꽃들을 봤어?
- 봄에 볼 수 있는 동물들은 무엇이 있을까?
- 봄에 들을 수 있는 소리를 떠올려 볼까?
- 봄의 소리를 말로 어떻게 표현할 수 있을까?
- 씨앗을 본 적이나 심어본 적 있어?
- 씨앗을 심으면 어떻게 될 것 같아?
- 만약 네가 씨앗이라면 어떤 마음이 들 것 같아?

☼ 부모님이 들려주면 좋을 이야기

봄은 겨울잠 자던 동물들이 깨어나고 새싹이 움트며, 꽃이 피어나는 따뜻한 계절이지만 다른 계절에 비해 날씨 변화가 심하다고 할 수 있단다. 특히 봄에는 아침과 밤에는 춥고, 낮에는 따뜻한데 이렇게 일교차가 심해서 감기에 걸리기도 쉽단다. 또한, 봄에는 황사가 많이 발생하기도 하는데, 혹시 황사가 뭔지 알고 있니? 황사는 중국과 몽골의 사막 지대에서 발생한 모래 먼지가 바람을 타고 우리나라까지 날아오면서 생기는 현상이야. 최근에는 중국의 발전으로 인해 환경이 파괴되어 사막화가 더 심해지다 보니, 황사가 더 많이 발생하고 있단다. 황사에는 미세먼지와 중금속을 포함하고 있어서 우리 몸에 들어오게 된다면 좋지 않단다. 그래서 황사가 심한 날에는 가능하면 바깥 외출을 많이 하지 않고 꼭 밖에 나가야 한다면, 외출에서 돌아온 뒤 손을 자주 씻고, 물을 자주 마시도록 하는 게 좋단다.

3. 1학년 1학기 『여름』 2단원 - 여름 나라

📌 **교과서 분석**

여러 사진을 보면서 여름에 볼 수 있는 것을 떠올려 보고 해 마을, 비 마을로 나누어 덥고, 비가 많이 오는 여름 날씨와 그에 따른 생활 모습들을 하나씩 살펴봅니다. 먼저 해 마을에서는 해와 관련된 노래를 부르고 더운 여름날의 모습에 대해 살펴봅니다. 또한, 더위를 이기는 방법에 대해 알아보고 여름을 잘 보내기 위해 해야 할 것에 대해 생각해봅니다. 그리고 여름에 전기 에너지를 너무 많이 사용하는 모습을 떠올리며 에너지를 아낄 방법에 대해 찾아보고, 평소 노력했던 경험을 함께 나눠봅니다. 그리고 비 마을에서는 비와 관련된 노래를 부르고 비가 많이 올 때 우리의 생활 모습에 대해 살펴봅니다. 그리고 여름철 만날 수 있는 태풍에 대해 알아보고 물을 많이 사용하면서 생기는 문제에 대해서도 생각해봅니다. 물을 아껴 쓸 방법을 생각해보고 물 모으기 놀이도 해봅니다. 마지막으로 여름에 볼 수 있는 모습을 생각해서 그림으로 표현해보고, 알게 된 것을 몸으로 표현해봅니다.

📌 **체험장소**

이 단원에서는 여름의 모습을 살펴보면서 에너지 절약과 관련된 부분이 나오므로 전기와 전기보급의 역사에 대해 알 수 있는 전기박물관을 방문해 보거나 에너지의 지나친 사용으로 인해 지구의 환경이 파괴되고 있으며 환경을 보호하기 위해 우리가 해야 할 일을 생각해보도록 하는 서울에너지드림센터나 여러 지역에 있는 기후변화체험관을 방문해 보면 좋습니다. 또한, 대체 에너지 중 하나인 풍력 발전의 역사와 원리에 대해 알아보고 직접 체험할 수 있는 평창과 영덕의 신재생에너지 전시관을 방문해 보거나 다양한 체험프로그램을 통해 신재생에너지에 대해 알아보는 부안의 신재생에너지테마파크나 김천녹색미래과학관, 영흥에너지파크를 가보는 것도 도움이 됩니다. 그리고 기후변화에 대응하는 지속 가능한 에너지에 대해 알아볼 수 있는 구미에 있는 탄소제로교육관을 방문하는 것도 좋습니다.

서울한전아트센터 전기박물관

위치: 서울시 서초구 효령로 72길 60 한전 아트센터 전기박물관
운영시간: 10:00~18:00
휴관일: 매주 월요일, 설날 및 추석 연휴
연락처: 02-2105-8190~2

전기박물관은 한국전력이 1887년 경복궁에 처음으로 전깃불이 켜진 후부터 전기의 역사를 정리하고 보존하여 사람들에게 전기의 소중함에 대해 알려주기 위해 만든 박물관으로 2023년 2월, 리노베이션 작업을 마치고 재개관을 했습니다.

3층에는 2개의 전시실로 이루어진 전기역사관이 있습니다. 제1전시실에서는 '전기, 인류와 함께하다.'라는 테마로 원시동력 시대부터 현대에 이르기까지 전기 역사의 흐름을 연표와 함께 제시하고 있고 '건청궁의 빛, 근대국가를 꿈꾸다'라는 테마로 우리나라 최초로 전깃불이 켜진 경복궁 후원인 건청궁의 발전설비와 우리나라 초초의 상업발전소인 동대문 발전소의 모형과 최초 대중교통인 전차가 전시되어 있습니다. 또한 '국권과 전기주권을 빼앗기다'라는 테마로 우리나라 최초의 전력회사인 한성전기회사의 모습도 모형으로 제시되어 있습니다. 제1전시실 한쪽에는 기획전시실을 두어 에디슨과 한국전력주식회사 초대 사장인 박영준 관련된 자료들을 전시하고 있습니다. 제2전시실에서는 '암흑의 시간을 지나 빛을 되찾다'라는 테마로 전력산업의 비약적 성장을 살펴볼 수 있도록 1960년, 1970년 가정집과 전파사의 모습과 '전력기술 자립의 시대를 열다'라는 테마로 1980년 이후 원자력 발전을 포함하여 국내 발전소의 발전 모습을 살펴볼 수 있는 전시물들이 전시되어 있습니다. 또한 '전기, 미래를 그리다'라는 테마로 VR에너지 체험을 통해 다양한 신재생에너지에 대한 지식을 쌓을 수 있도록 구성되어 있습니다.

　2층에 있는 뉴 에너지움에서는 배부되는 카드에 관람자 등록을 하여 에너지를 충전하고 이를 이용하여 다양한 미래의 에너지를 체험할 수 있습니다. 전기자동차를 충전하여 바퀴가 움직이는 모습을 볼 수 있고, 로봇과 드론을 이용한 우리 생활의 모습을 영상으로 볼 수 있습니다. 또한 스마트홈 전시관에서는 우리가 일상적으로 사용하는 전자제품을 스마트 기기와 융합하여 사용하는 주택을 직접 살펴볼 수 있습니다.

김천녹색미래과학관

위치: 경북 김천시 혁신 6로31 김천녹색미래과학관
운영시간: 9:30~18:00
휴관일: 매주 월요일, 1월 1일, 설·추석 당일
연락처: 054-429-1600

    김천녹색미래과학관은 우리가 사용하는 에너지와 인간의 다양한 활동으로 생기는 기후변화에 대해 체험을 통해 알아볼 수 있는 과학관입니다. 총 4개의 층으로, 기후변화관, 그린에너지관, 녹색미래과학관의 상설전시관과 기획전시관, 야외체험시설, 4D 풀돔영상관, 무한상상실로 구성되어 있습니다.

김천녹색미래과학관 내부

　2층에 있는 기후변화관에서는 우리의 사소한 일상 속 행동이 지구에 어떤 영향을 주는지 살펴보고 지구의 온도가 1도 상승할 때마다 일어나는 변화를 영상을 통해 알아볼 수 있습니다. 또한, 한반도에 영향을 주고 있는 지구 온난화 현상에 대해 알아보고 직접 이상기후를 체험해봅니다. 그리고 이를 해결하기 위한 우리나라, 세계의 노력에 대해 알아보고 내가 생활 속에서 실천할 방법을 생각해서 그린 트리에 직접 적어봅니다. 3층 그린에너지관에서는 우리가 사용하는 에너지의 역사에 관해 설명하고, 화석연료를 대신할 수 있는 다양한 에너지원들인 태양광에너지, 바이오에너지, 지열에너지, 수소에너지, 수력에너지 등에 대해 체험을 통해 이해할 수 있도록 제시합니다.

　4층 녹색미래과학관은 2035년 우리가 해결하지 못한 환경문제에 시달리고 있는 미래지구를 구하는 미션을 게임을 통해 해결하도록 구성되어 있습니다. 미션을 완성한 뒤 노력으로 지켜낸 녹색 지구의 모습을 영상으로 확인할 수 있고, 마지막 과학관을 체험하면서 얻은 지식을 OX 퀴즈를 통해 정리하는 퀴즈쇼 코너가 있습니다.

2층에 있는 4D풀돔영상관에서는 연령을 구분하여 주중 2회, 주말 6회 환경과 지구의 미래와 관련된 영상을 상영하고 있으므로 시간을 확인한 뒤 관심 있는 주제에 대한 영상을 볼 수 있습니다.

또한, 4층에 있는 무한상상실에서는 무료로 3D 프린터를 활용한 시제품 만들어 보기나 목공 장비를 활용한 생활용품 만들기, SW 코딩을 활용하여 간단한 생활창작품 만들기 등 체험을 할 수 있습니다. 프로그램들은 참가 인원이 정해져 있고, 연령에 따라 참여 가능한 프로그램이 차이가 있으므로 홈페이지에서 미리 확인한 뒤 예약하여 참가하도록 합니다.

그리고 물리과학, 로봇 과학, 지구과학, 창의과학의 영역별로 연령에 따른 다양한 교육프로그램이 마련되어 있습니다. 주로 토요일이나 일요일 3번 정도 진행되는 경우가 많으므로 과학관 방문이 편한 학생들은 관심 있는 주제를 신청하여 참여하는 것도 과학에 대한 호기심을 높이고 관련 분야에 대한 지식을 넓히는 데 도움이 될 것입니다.

에너지드림센터와 기후변화체험관은 최근 지구에서 일어나는 기후변화의 심각성을 인지하고 체험을 통해 지구의 소중함을 일깨우고 이에 대처할 수 방법을 익힐 수 있도록 만들어진 공간입니다.

서울에너지드림센터

위치: 서울 마포구 증산로 14
운영시간: 09:30~ 17:30
휴관일: 매주 월요일, 1월 1일, 설·추석 연휴, 12월 12일 개관기념일
연락처: 02-3151-0562

에너지드림센터는 서울에 있고, 기후변화체험관은 용인, 수원, 김해, 부평, 부천, 원주, 부산, 아산, 담양, 청주 등 전국에 다양하게 분포되어 있습니다. 이 장소들은 직접 만지고, 움직이고 조작하면서 체험하도록 구성되어 있어서 1학년 아이들이 즐겁게 관람할 수 있습니다. 또한, 이러한 기후변화체험관들은 시간별로 예약을 통해 관

람할 수 있는 경우가 대부분이므로 홈페이지에서 확인 후 방문하도록 합니다.

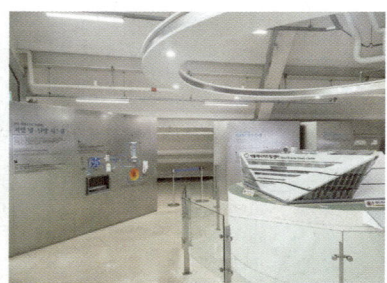

서울에너지드림센터 내부

　서울에너지드림센터는 총 3개의 층, 3개의 관으로 구성되어 있습니다. 1층 에너지드림관에서는 에너지의 의미를 알아보고 지열, 수력, 태양광, 풍력 등 신재생에너지를 모형과 조작을 통해 이해하도록 합니다. 또한, 축소 모형을 통해 서울에너지드림센터에 적용된 제로 에너지 기술의 종류와 위치를 소개합니다. 대정전 시뮬레이션 체험을 통해 에너지 절약의 필요성에 대해 느껴보도록 하고 일상생활에서 사용하는 가전제품의 대기 전력에 대해 모형을 통해 제시합니다. 2층 서울기후변화배움터에서는 현재 지구에서 벌어지고 있는 기후변화와 그 원인에 대해 사진과 영상을 통해 제시하고 있습니다. 또한, 다양한 전시품들을 통해 이러한 기후변화에 대응하기 위한 세계와 우리나라의 노력에 대해 알아보고 우리가 할 수 있는 일에 대해서도 생각해보도록 합니다. 3층 커뮤니티관에서는 다양한 체험프로그램과 강좌 진행을 위한 체험학습실과 관련 책을 읽을 수 있는 북카페가 있습니다.

  태양광 자동차 만들기, 신재생에너지탐험대 등과 같은 체험프로그램과 전시관별 해설프로그램이 마련되어 있으므로 홈페이지에서 확인하여 예약한 뒤 참여할 수 있습니다.

용인기후변화체험교육센터

위치: 경기도 용인시 처인구 동부로162번길 14 기후변화체험교육센터
운영시간: 09:00~18:00
휴관일: 매주 월요일, 1월 1일, 설·추석 연휴
연락처: 031-324-4878

  용인기후변화체험교육센터는 2층의 9개의 코너와 3D 영상관으로 구성되어 있습니다. 1층에서는 먼저 터치 게임을 통해 기후변화에 대해 인식하고, 공을 던지며 기후변화의 원인인 온실가스를 없애고 지구 온난화의 원인에 이해하도록 사진과 영상으로 설명되어 있습니다. 또한, 우리나라의 기온변화와 농산물 재배지의 변화가 그림을 통해 전시되어 있고, 에너지 헬멧을 쓰고 신재생에너지를 모아보며 이에 대해 이해하도록 합니다. 그리고 우리 집에서 사용하는 전자제품의 소비전력에 대해 알아보고 집안에 불필요한 전기를 터치를 통해 끄는 활동을 할 수 있습니다. 증강현실을 통해 멸종위기 동물들

의 이야기를 들어보고, 터치 게임을 통해 하천에 있는 쓰레기를 분리하면서 물을 깨끗하게 사용해야 한다는 것을 이해하도록 합니다. 2층에는 생태체험관이 있어 하천에서 볼 수 있는 다양한 어류, 곤충류, 파충류 등의 생물을 전시하고 있습니다.

3D 영상관에서는 지구 온도가 상승하면서 일어나는 생태계의 변화와 멸종위기에 처한 동물들에 대한 영상을 상시로 상영하고 있습니다.

부산기후변화체험교육관

위치: 부산광역시 북구 학사로 118
운영시간: 9:30~17:30
휴관일: 매주 월요일, 1월 1일, 설·추석 당일
연락처: 051-309-6291

부산기후변화체험교육관은 총 2층 6개의 코너로 구성되어 있습니다. 1층에는 종이꽃 가습기 만들기, 태양광 해파리 만들기, 크로스 에코백 만들기와 같은 프로그램을 선택하여 참여하는 그린스쿨존이 있습니다. 2층에는 기후와 날씨에 대한 설명과 함께 세계가 겪는 기후변화로 인한 피해 등이 전시물들을 통해 제시되어 있습니다. 또한, 이산화탄소가 많이 배출되는 원인과 그에 따른 영향에 대해 증강현실을 통해 제시하고 있습니다. 그리고 달리기 시합을 통해 친

환경 마크를 획득하는 게임이나 탄소를 공으로 맞추는 게임, 사용하지 않는 전원을 끄는 활동을 통해 지구를 살리기 위해 우리가 할 수 있는 일을 이해하도록 합니다. 그리고 신재생에너지를 활용해서 에너지 사용을 거의 없게 하는 제로 에너지 하우스의 모습도 영상을 통해 살펴보도록 합니다.

📚 같이 읽으면 좋은 책

『정우의 여름』 이월 글/ 장미애 그림/ 키즈엠

이 책의 내용은 시골에 사는 정우가 친구 홍식이가 냇가에서 잡은 가재를 부러워하며 가재를 잡기 위해 노력을 합니다. 놀다 배가 고픈 친구들은 모두 집으로 돌아갔지만, 끝까지 가재를 잡기 위해 노력하던 정우는 결국 왕 가재 잡기를 성공하게 됩니다. 이 책은 비가 내리다가 햇빛이 쨍하고 나는 여름 날씨와 그림 가득 담겨 있는 시골 여름 풍경을 살펴보며 함께 여름 날씨, 여름에 볼 수 있는 것 대해서 이야기를 나누어 볼 수 있습니다.

『우리 집 전기가 집을 나갔어요!』 신순재 글/ 김고은 그림/ 소담주니어

이 책은 어느 날 아침 철이네 집 냉장고에 '우리는 집을 나갑니다. 우리를 찾지 마세요'라는 의문의 편지가 붙어 있는 것으로 시작합니다. 그동안 전기를 함부로 사용했기에 화가 난 전기가 집을 나간다는, 다소 황당한 편지에 철이네 가족은 처음에는 장난이라 생각했습니다. 그러나 곧 냉장고 속 음식이 녹고, 청소기, 컴퓨터, 헤어드라이어가 작동하지 않는 것을 경험하고 집 나간 전기가 영영 돌아오지 않을까 걱정하기 시작합니다. 이에 철이네 가족은 집 나간 전기가 다시 돌아오도록 하기 위한 작전을 세우는 가족회의를 열게 됩니다. 가족회의에서 전기 에너지 절약을 위한 구체적인 약속을 정하고 집 나간 전기들이 볼 수 있도록 알리고 드디어 전기가 집으로 돌아오게 됩니다.

이 책은 평소 아이들이 전기 에너지를 함부로 사용하고 있는 모습을 떠올려 스스로 반성하며 전기의 소중함을 이해하도록 합니다. 나아가 생활 속에서 전기 에너지를 절약하는 방법에 대해서 알아보고 직접 실천하도록 도와줍니다.

🔍TIP 함께 나누면 좋을 이야기

- 더운 여름날 우리는 더위를 이기기 위해 어떤 음식을 먹고, 어떤 옷차림을 하는지 생각해볼까?
- 더운 여름을 시원하게 보내기 위해 어떤 도구들을 사용하는지 떠올려볼까?
- 평소 우리 집은 에너지를 많이 쓰는 편인 것 같아?
- 에너지를 많이 쓰면 어떻게 될까?
- 에너지를 절약하려면 어떻게 해야 할까?
- 내가 실천할 수 있는 에너지 절약 방법은 어떤 것들이 있을까?
- 사람들이 에너지 절약을 잘 실천하도록 할 방법은 무엇이 있을까?
- 비가 많이 오는 날이라면 어떻게 해야 할까?
- 우리는 물이 부족한 나라일까? 풍부한 나라일까? 만약 사용할 물이 부족해지면 어떤 점들이 불편할까?
- 물을 아껴 쓸 방법에는 어떤 것들이 있을까?

☼ 부모님이 들려주면 좋을 이야기

혹시 탄소발자국이란 말을 들어 본 적 있니? 탄소발자국이란 우리가 일상생활을 하면서 만들어 내는 이산화탄소의 양을 표시한 것

이야. 이산화탄소는 지구 온난화의 주범이기 때문에 이는 환경 오염과 직접 연결된다고 할 수 있단다. 그럼 우리가 하는 행동 중에 탄소발자국을 많이 발생시키는 것은 어떤 것들이 있을까? 가까운 거리를 이동할 때 자동차를 이용하는 것이나 여름에 에어컨을 자주 틀거나 희망 온도를 낮게 맞추어 두는 것, 일회용품 사용하는 것 등을 들 수 있단다. 또한, 평균 탄소 배출량 이하인 제품들을 대상으로 탄소발자국 인증이나 저 탄소제품 인증 마크를 붙여서 소비자들이 이러한 제품을 사용할 수 있도록 권장하는 제도를 시행 중이라고 해. 우리도 가능하면 생활하면서 탄소발자국을 줄이도록 노력하고, 마트에서 탄소발자국 인증 제품이나 저 탄소제품 인증 제품을 살 수 있도록 하자.

4. 1학년 2학기 『겨울』 1단원 - 여기는 우리나라

📌 교과서 분석

이 단원에서는 사진을 보면서 '우리나라'에 대해 알고 있는 것을 이야기 나누면서 시작합니다. 구체적으로 우리나라에 대해 문화, 상징, 통일로 나누어 학습하는데, 먼저 우리나라의 문화에서는 우리나라의 전통 놀이와 한복, 우리의 전통 노래에 대해 알아봅니다. 또한, 우리의 전통 음식과 아름다운 전통 그릇, 전통 집과 전통 문양에 대해서도 살펴보고 만들어봅니다. 우리나라의 상징에서는 우리 국기인 태극기, 애국가, 무궁화에 대해 알아보고 우리나라를 소개하는 자료를 만들어봅니다. 마지막으로 통일에서는 남북한 학생의 하루 생활을 살펴보고 남한과 북한의 생활 모습을 알아봅니다. 그리고 남한과 북한이 왜 같은 민족인지 이야기를 나누어 보고 통일이 되면 할 수 있는 것에 대해 생각해보고 표현해봅니다. 통일 비행기를 접으면서 노래를 부르고 통일을 바라는 마음을 적어 종이비행기를 날려봅니다.

📌 체험장소

1학년 아이들에게 이 단원에서 배우는 우리나라의 전통은 낯설게 느껴지기 때문에 이에 대해 좀 더 구체적으로 알아보고 체험할 수 있는 곳을 방문하여 경험한다면 도움이 될 것입니다. 우리나라의 노래인 국악에 대해 좀 더 자세히 알아볼 수 있는 국립국악박물관이나 우리 소리박물관에 방문한다든지, 우리의 전통 음식인 김치에 대해 체험할 수 있는 뮤지엄 김치간이나 광주 김치박물관을 방문하면 좋습니다. 나아가 우리 음식에 대해 전반적으로 살펴볼 수 있는 광주에 있는 남도향토음식박물관과 떡 박물관 및 전통음식연구소, 안동에 있는 안동소주전통음식박물관에 방문하는 것도 도움이 됩니다. 또한, 우리의 전통 가옥에 대해 살펴볼 수 있는 한국민속촌이나 남산골한옥마을을 방문하는 것도 좋습니다. 그리고 대한민국의 상징물과 역사에 대해 알아볼 수 있는 대한민국역사박물관이나 북한에 대해 알아보고 통일의 필요성에 대해 좀 더 실감 나게 느낄 수 있는 임진각 국민 관광지나 고성 통일전망대에 방문하는 것도 도움이 됩니다.

서울우리소리박물관 외부

서울우리소리박물관 내부

서울우리소리박물관

위치: 서울특별시 종로구 율곡로 96 서울우리소리박물관
운영시간: 화~금, 일요일(9:00~18:00), 토요일(9:00~19:00)
휴관일: 매주 월요일, 1월 1일
연락처: 02-742-2600

우리소리박물관

서울우리소리박물관은 사라져 가는 우리의 소리를 수집, 보존하고 연구하는 곳으로 국내 첫 민요 전문 박물관입니다. 총 3개의 층으로 상설전시실과 기획전시실, 음원감상실, 영상실로 구성되어 있습니다. 상설전시실에서는 일과 우리 소리, 놀이와 우리 소리, 의례와 위로의 우리 소리로 구분하여 우리 조상들의 생활 속의 음악을 모형, 영상과 함께 들어 볼 수 있습니다. 특히 일과 우리 소리에서는 그림으로 그려진 농사의 모습을 보고, 손으로 터치하면 농사의 과정에 맞게 불렀던 노래를 들을 수 있습니다.

기획전시실에서는 시기에 따라 '향토민요 소리꾼'이나 '향토민요 아라리'와 같이 주제를 정해 관련 자료들을 전시하고 있어 새로운 시각으로 우리 소리를 감상하고 체험할 수 있습니다.

음원감상실에서는 편히 앉아서 다양한 지역의 민요를 감상하고 민요 관련 서적 및 유물을 볼 수 있어 아이들이 우리 소리를 좀 더 가깝게 느낄 수 있습니다.

그리고 서울우리소리박물관에서는 연령별 주제를 정해 관련된 교육 프로그램과 행사를 진행하고 있으므로 홈페이지에서 확인 후 참여할 수 있습니다.

광주김치박물관 항공촬영 - 광주광역시청 제공

광주김치박물관(광주김치타운)

위치: 광주광역시 남구 김치로 60 광주김치타운
운영시간: 화~일(09:00~18:00)
휴관일: 매주 월요일, 1월 1일, 설날 및 추석 당일
연락처: 062-613-8222

광주김치타운은 김치에 대한 문화와 역사, 체험을 한 곳에서 경험할 수 있도록 조성되었으며 김치박물관, 김치 교육체험장, 기획전시실, 김치 발효식품관, 토굴전시관, 다목적체험관으로 이루어져 있습니다.

광주김치타운 내 2층에 있는 김치박물관은 김치 역사의 장, 팔도 김치의 장, 김치 체험의 장, 김치 탐구의 장, 맛과 멋의 장의 5개 구역과 영상실로 구성되어 있습니다. 김치 역사의 장에서는 설명자료와 영상을 통해 김치의 용어변천과 역사를 알아볼 수 있고, 팔도 김치의 장에서는 모형을 통해 자연환경에 따른 지역별 김치들을 살펴볼 수 있습니다. 또한, 조상들의 식생활 관련 유물, 전통 그릇들과 함께 김장의 다섯 단계를 애니메이션으로 제시하고 있습니다. 김치 체험의 장에서는 김치를 이용한 다양한 레시피를 제시하고 놀이 체험을 통해 김치에 대해 쉽게 접근할 수 있도록 합니다. 또한, 김치 탐구의 장에서는 버튼을 누르면서 배추가 절여지는 모습을 살펴보고, 김치를 먹으면 우리 몸에 어떤 영향을 미치는지 직관적으로 구조물을 통해 제시합니다. 마지막으로 맛과 멋의 장에서는 우리나라

뿐만 아니라 세계 여러 나라의 발효 음식에 대해 알아보고 김치의 우수성을 살펴볼 수 있도록 구성되어 있습니다.

광주김치타운에서는 예약을 통해 가족과 함께 깍두기, 물김치, 배추김치, 오이 송송이 등을 만들어 보는 체험이 마련되어 있으므로 홈페이지에 확인 후 참여할 수 있습니다.

대한민국역사박물관

위치: 서울 종로구 세종대로 198
운영시간: 월, 화, 목, 금, 일(10:00~18:00), 수, 토(10:00~21:00)
휴관일: 1월 1일, 설날 및 추석 당일
연락처: 02-3703-9200

대한민국역사박물관은 19세기 말 개항기부터 오늘날까지의 대한민국의 행보를 기록한 박물관으로 5층 4개의 상설전시실로 이루어져 있습니다.

역사관에서는 1894~1945년, 1945년~1987년, 1987년~현재로 시대를 나누어 전시품들과 모형을 통해 한국인들의 생활을 이해하도록 구성되어 있습니다. 체험관에서는 관람객이 신문, 표어와 포스터의 메시지, 일기, 편지, 가요, 방송프로그램 등 다양한 형식을 통해 지금의 나와 다른 세대, 다른 누군가로 그때 그 시절을 살아볼 수 있도록 전시되어 있습니다. 주제관은 '베스트셀러'나 광고를 통해 그 시대의 모습을 떠올려 보도록 하며 기증관에서는 일과 직업을 주제로 전쟁의 참화를 벗어나 자신에게 맞는 직업을 찾아 치열하게 살아간 사람들의 발자취를 살펴볼 수 있습니다.

유아와 10세 이하 어린이가 예약 없이 이용할 수 있는 어린이박물관에서는 관람객이 직접 만지며 체험을 통해 대한민국의 상징과 역사를 이해하도록 도와줍니다.

 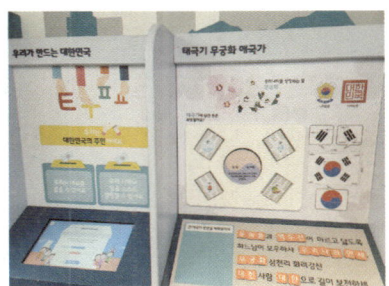

대한민국역사박물관 내부

통일전망대

위치: 강원도 고성군 현내면 금강산로 481 통일전망대
운영시간: 3월 1일~7월 14일, 8월 21일~10월 31일 (09:00~16:50), 7월 15일~8월 20일(09:00~17:50), 11월 1일~2월 28일(09:00~ 15:50)
연락처: 033-682-0088

통일전망대는 우리나라에서 가장 북쪽에 있는 전망대로, 통일의 의지를 다지기 위해 1983년에 세워졌으며 통일관, 통일전망타워, 6·25전쟁 체험전시관, 통일기원범종, 통일미륵불, 성모 마리아상 등으로 구성되어 있습니다. 통일전망대와 DMZ 박물관(비무장지대 박물관)에 들어가려면 먼저 통일 안보 공원에 들러서 출입 신고 신청서를 작성해야 합니다.
통일관의 1층 전시관에는 북한 주민들의 생활을 알 수 있는 북한

생활용품과 관련된 자료들을 전시하고 있습니다. 2층은 실내 전망대와 야외 전망대가 이어져 있으며 마련된 망원경을 통해 금강산과 해금강의 풍경을 비롯한 북한의 모습을 살펴볼 수 있습니다.

또한, 통일전망타워는 3층으로 이루어져 있는데 1층에는 특산물 판매장이 있으며 2층에는 전망교육실이 있습니다. 3층은 관람실로 자유롭게 북한 지역을 관람할 수 있습니다.

6·25전쟁 체험전시관은 전쟁체험실과 전사자유해 발굴실, 유엔군 참전국실, 병영체험실, 기획전쟁실, 6·25전쟁 자료실, 영상체험실로 구성되어 있습니다. 전쟁체험실에서는 멀티미디어 음향과 모형을 통해 6·25전쟁의 상황을 체험할 수 있고, 전사자유해 발굴실에서는 발굴된 유품과 유골과 같은 전시물을 통해 전쟁의 아픔을 느낄 수 있습니다. 그리고 유엔군 참전국실에서는 전쟁에 참전해서 대한민국을 도와준 유엔군 참전 국가에 대한 정보를 소개하고 있으며 병영체험실은 모형을 통해 옛날과 현재의 내무반의 모습을 재현하여 전시하고 있습니다. 6·25전쟁 자료실에서는 전쟁 당시 남북한의 전투 장비와 전투력을 자료를 통해 알아볼 수 있고, 영상체험실에는 전쟁의 아픔을 느낄 수 있도록 제작된 영상을 볼 수 있습니다.

또한, 통일전망대에서 차로 3분 정도 가면 DMZ 박물관이 나옵니다. 이 박물관에서는 DMZ(비무장지대)의 생태 환경과 6·25전쟁 발발 전후의 모습과 휴전선의 역사적 의미를 살펴볼 수 있는 전시품들이 전시되어 있습니다.

📚 같이 읽으면 좋은 책

『우리나라를 소개합니다』 표시정 글, 김윤영 그림/ 키다리

이 책은 쌍둥이인 강이와 산이가 박물관 문화해설사로 일하고 계시는 할아버지와 함께 민속박물관으로 나들이하면서 우리나라의 상징, 역사와 문화, 전통, 음식에 대해 알아가는 이야기입니다. 이야기의 흐름을 따라서 강이와 산이가 관련된 경험을 하는 것과 할아버지가 들려주는 이야기를 재미있게 읽으면서 아이들은 우리나라에 대한 궁금증과 호기심을 가질 수 있습니다. 이 책은 중간에 정보 페이지를 두어 설명을 보충하는 삽화와 한눈에 들어오는 표를 통해 관련된 지식과 정보를 이해하기 쉽게 정리하고 있습니다.

『오늘은 우리 집 김장하는 날』 채인선 글/ 방정화 그림/ 보림

이 책은 선미네 집 뒤꼍에 작은 집에 사는 생쥐 네가 올해는 선미네를 따라 김장을 하기로 마음먹는 것에서부터 시작합니다. 김장하는 과정이 선미네와 생쥐 네를 통해 자연스럽게 소개되며 선미네 김장 과정을 생쥐 네가 그대로 따라 하면서 주요 어휘와 특정 문장이 반복되는데 이를 통해 자연스러운 반복에서 오는 운율의 재미를 느낄 수 있습니다. 또한, 이 책의 마무리 부분에는 김치는 언제부터 먹기 시작했는지, 김치에는 어떤 종류가 있는지 소개하고 있어 김치박물관을 방문하기 전에 읽어보면 좋습니다.

이 외에도 『세계 으뜸 우리 음식』(최준식 글, 마루벌)은 밥, 떡,

김치, 콩, 나물, 국과 같은 우리 음식에 대해서 어렵지 않게 풀어서 설명하고 관련 정보를 보충하여 우리의 전통 음식에 대해 이해하는 데 도움이 됩니다. 또한 『오늘은 촌놈 생일이에요』(이명랑 글, 책내음)은 연날리기, 농악놀이, 윷놀이, 엿치기 등과 같은 우리나라의 전통 놀이에 대한 정보를 담고 있으며 『때때옷 입고 나풀나풀』(이미애 글, 책내음)은 꼬마 아이의 설빔을 만드는 이야기를 통해 옛날 아이들이 입던 옷과 한복을 만드는 과정과 여자와 남자의 전통 의상을 소개하고 있어 함께 읽어보면 좋습니다.

TIP
함께 나누면 좋을 이야기

- 우리나라에 대해 알고 있는 것을 떠올려 볼까?
- 우리나라의 전통 놀이에 대해 알고 있어? 재미있게 했던 전통 놀이가 있었다면, 이야기해볼까?
- 우리나라의 전통 옷은 무엇인지 알고 있니? 한복을 입었던 경험을 이야기해 보자.
- 한복을 입었을 때 느낌이 어땠어? 매일 한복을 입는다면 어떨 것 같아?
- 혹시, 우리 전통 노래를 들어본 적 있어? 어떤 느낌이 들었어?
- 우리의 전통 음식으로는 어떤 것이 있는지 알고 있어? 그중 어떤 음식을 가장 좋아하니?

- 만약, 외국 친구가 온다면 우리 전통 음식 중 무엇을 같이 먹으러 갈 것 같아?
- 우리의 전통 집 한옥을 본 적 있어? 우리가 지금 사는 집과 비교했을 때 어떤 특징이 있는 것 같아?
- 만약, 한옥에서 산다면 어떨 것 같아?
- 혹시 태극기에 담긴 의미가 무엇인지 알고 있니? 가운데 태극 모양은 왜 빨강과 파랑색을 사용했을까?
- 북한에 대해 알고 있는 것을 다 이야기해볼까?
- 지금 남한은 벌써 70년 가까이 북한과 분단된 채 살아가고 있는데 북한과 통일하는 것에 대해 어떻게 생각하니?
- 올림픽 경기를 보다가 북한 팀이 나오면 우리나라 사람들은 북한을 응원하기도 한단다. 왜 북한을 응원하는 걸까? 만약 올림픽에서 북한과 다른 나라가 경기를 한다면 너는 어느 나라를 응원할 것 같아?

☼ 부모님이 들려주면 좋을 이야기

우리나라의 휴전선은 언제 어떻게 생겼을까? 우리나라는 1910년부터 일본의 식민 지배를 당하다가 제2차 세계대전에서 일본이 지면서 1945년 광복을 맞이하게 된단다. 그러나 그 당시 힘이 약했던 우리나라는 미국과 소련에 의해 북위 38선을 기준으로 남과 북으로 나누어지게 되었어. 그 뒤 북한이 1950년 6월 25일 남한을 침범하여 3년 동안 전쟁이 계속되지. 이를 6·25전쟁 혹은 한국전쟁이라고 한단다. 이 전쟁으로 인하여 수백만 명이 죽거나 다치고 수많은 사람이 부모 형제들과 헤어지게 되었어. 오래된 전쟁으로 이렇게 피해가 많이 생기고 남한과 북한이 모두 힘들어지자, 결국 1953년 전쟁을 잠시 중단하자고 협의하여 남북의 군대가 맞서고 있던 전선을 따라 휴전선 즉, 군사분계선이 생기게 되었단다. 이렇게 우리나라는 1953년부터 지금까지 휴전 상태로 북한과 나누어지게 되었는데 현재 우리나라는 전 세계에서 유일한 분단국가라고 해.

Chapter 4

규칙을 중요시하는 2학년

2학년의 특징

2학년은 학교생활에서 1학년에 비해 체계가 잡히며, 규칙을 알고, 규칙을 지키는 자신에 대해 스스로 대견해 하며 자랑스러워하는 시기입니다. 여전히 자기중심적이지만 놀이 집단의 규모가 확대되며 간단하고 협동적이며 조작적인 놀이를 즐깁니다. 또한, 2학년은 아직 자기 고집이 덜하고 흡수력이 좋아서 공부, 인성, 생활 습관 등 바른 원칙을 세우기에 좋은 시기입니다.

2학년의 경우, 1학년과 마찬가지로 『국어』, 『수학』, 『통합교과』(봄, 여름, 가을, 겨울), 『안전한 생활』교과를 수업 시간에 배우게 됩니다.

아직 추상적인 사고력이 미숙한 2학년 아이들은 구체적인 조작이나 직접적인 경험을 통해 지식을 습득하고 학습하는 것이 효과적입니다. 특히 주제별로 통합되어 구성된 통합교과의 경우 현장에 나가서 직접 체험하며 관련된 책을 읽으면 관련 내용을 즐겁게 익히고 배울 수 있을 것입니다.

1. 통합교과 내용 분석

    2학년 통합교과의 1단원은 나, 집, 동네, 세계에 대해 다루고 있는데 1학년과 마찬가지로 나의 주변에서부터 시작해서 점차 내용이 확장되어 나간다고 할 수 있습니다. 특히 1학년은 우리나라까지 배웠는데 2학년은 더 나아가 세계 여러 나라에 대해 배우게 됩니다.

    2단원은 교과서 이름에 맞게 봄, 여름, 가을, 겨울을 주제로 봄 날씨의 특징, 여름에 숲이나 물가에서 볼 수 있는 동물, 곤충과 여름에 볼 수 있는 과일, 채소에 대해 배웁니다. 그리고 사람들이 가을에 하는 일, 가을철 열매, 겨울을 나는 식물과 동물과 겨울을 건강하게 보내는 방법에 대해 학습합니다. 즉, 『여름』, 『겨울』 교과서에서 1학년 때 각 계절의 날씨와 특징, 각 계절에 할 수 있는 놀이에 대해 배운 것에서 나아가 2학년 때는 각 계절에 볼 수 있는 동물, 식물과 건강하게 생활하는 방법을 다루고 있다고 할 수 있습니다.

2학년 통합교과		1단원	2단원
시기	교과서		
1학기	봄	알쏭달쏭 나	봄이 오면
	여름	이런 집 저런 집	초록이의 여름 여행
2학기	가을	동네 한 바퀴	가을아 어디 있니
	겨울	두근두근 세계 여행	겨울 탐정대의 친구 찾기

따라서, 학생들은 1학년 때와 마찬가지로 각 계절에 주변 생태 공원을 방문하여 주위 환경의 변화를 살펴보고 주변에 있는 동식물을 관찰하면 좋습니다. 또한, 나의 몸과 몸이 하는 일에 대해 알아보고 아플 때 대처하는 방법을 생각해보고 더 나아가 조선 시대 어의였던 허준과 한의학에 대해 좀 더 자세히 알아보려면 허준박물관을 방문하는 것도 도움이 됩니다. 그리고 평소 매일 접하는 우리 가족의 생활 모습과 동네 사람들의 모습에 관심을 가지고 살펴보며 다양한 직업을 체험하고 경험한다면 단원 학습에 도움이 될 것입니다.

색상 표시한 2학년 1학기 『여름』 2단원 '초록이의 여름 여행', 2학기 『가을』 1단원 '동네 한 바퀴'와 『겨울』 1단원 '두근두근 세계 여행'의 세부 교과 내용과 체험장소, 함께 읽으면 좋은 책들은 뒤쪽에 자세히 소개해 두었습니다.

2. 2학년 1학기 『여름』 2단원 - 초록이의 여름 여행

📌 교과서 분석

　이 단원은 사진을 보면서 여름에 관해 이야기를 나누면서 시작합니다. 먼저 여름에 산이나 숲에서 볼 수 있는 사슴벌레, 잠자리, 개미, 거미, 매미와 같은 동물들을 관찰하고, 따라서 움직여봅니다. 그리고 여름 나뭇잎을 모아본 뒤 살펴보고 여름 나무를 만들어 보며, 여름에 조심해야 할 것들을 살펴보고 해충에 물리거나 쏘였을 때 어떻게 해야 하는지 알아봅니다. 이어서 여름에 많이 하는 물놀이를 할 때 지켜야 할 규칙을 알아보고 수련, 개구리밥, 물방개 등 물가에 사는 동물들을 알아보고 관찰해본 뒤 물가 친구들을 특징에 따라 나누어봅니다. 물가 친구들을 위해 우리가 할 수 있는 일을 생각해보고 돌멩이와 모래를 이용한 놀이를 해봅니다. 또한, 개구리의 모습과 개구리의 변신 과정을 알아본 뒤 개구리처럼 움직여 보고 관련된 노래도 함께 불러봅니다. 그리고 여름에 볼 수 있는 다양한 채소와 과일을 관찰해보고, 여러 가지 과일과 채소로 음식을 만들어 보고 관련 노래를 불러봅니다. 마지막으로 여름을 건강하게 보내기 위해 해야 할 일을 알아보고 방학을 알차게 보내기 위한 계획을 세워봅니다.

📌 **체험장소**

이 단원에는 여름에 숲과 물가에서 볼 수 있는 다양한 동물과 곤충, 거미에 대해 나오므로 1학년 『봄』 2단원에서와 마찬가지로 집 주변에 있는 생태 공원이나 서울숲에 가서 여름을 느끼고 곤충과 동물, 식물들을 보면 좋습니다. 나무와 식물들을 관찰할 수 있는 수목원을 가는 것도 도움이 됩니다. 그리고 곤충을 조금 더 자세하게 관찰하려면 국립과천과학관의 곤충생태관이나 여주곤충박물관, 아산환경공학공원 생태곤충원과 같은 여러 지역의 곤충박물관을 방문하면 됩니다. 교과서에 나오는 물가에 사는 친구들은 경기도 해양수산자원연구소 민물고기생태학습관이나 부천에 있는 자연생태공원의 자연생태박물관에서 다양하게 살펴볼 수 있습니다.

국립과천과학관 – 곤충생태관 외부

국립과천과학관 - 곤충생태관 내부

국립과천과학관 - 곤충생태관

위치 : 경기도 과천시 상하벌로 110
운영시간 : 9:30~17:30
휴관일 : 매주 월요일, 신정, 설날 및 추석 당일
연락처 : 02-3677-1500

과천과학관곤충생태관

국립과천과학관 내에 있는 곤충생태관은 곤충의 세계를 자세하게 살펴볼 수 있는 공간으로 파브르정원, 꿀벌존, 탐구존, 곤충체험존, 곤충사육실로 구성되어 있습니다.

곤충체험존에서는 장수풍뎅이과 애벌레를 직접 보고 만질 수 있으며 다양한 곤충표본들이 전시되어 있습니다. 파브르정원에서는 다양한 나비가 전시되어 있으며, 실제 나비의 모습도 볼 수 있습니다. 또한, 수서곤충 즉, 일생의 전부 또는 일부를 물에서 생활하는 곤충인 물방개, 물자라, 장구애비 등도 관찰할 수 있습니다. 꿀벌존에서는 벌들이 꿀을 찾아 이동하는 모습과 벌집을 짓는 모습, 벌들이 지은 벌집을 가까이에서 볼 수 있으며 곤충사육실에서는 곤충의 사육과정을 직접 눈으로 확인할 수 있습니다. 그리고 곤충으로 만드는 음식을 모형으로 만들어 놓아서 아이들에게 미래의 식량자원으로서의 곤충에 대해서도 생각해보도록 합니다.

곤충생태관에서는 곤충 전시뿐만 아니라 생태체험교실도 운영하고 있습니다. 당일 현장에서 선착순으로 예약하면 이용할 수 있는데 나비의 한살이 과정과 봄에 피는 꽃을 알아보고 클레이로 만들어 보는 활동이나 바로 옆의 생태 공원으로 숲 해설가와 함께 생태 체험을 하는 것과 같은 활동이 있으므로 요일과 날짜를 확인한 후 참여하도록 합니다.

여주곤충박물관

위치: 경기 여주시 명성로 114-146
운영시간: 9월~6월(평일 10:00~17:00/주말 10:00~18:00),
7월~8월(평일/주말 10:00~18:00), 평일 12:00~13:00는 휴식시간
휴관일: 매주 월요일
연락처: 031-885-1400

여주곤충박물관은 곤충표본관, 곤충탐구관, 특별전시관, 정글탐험관, 곤충체험관, 파충류전시관, 파충류체험관, 유료체험관 및 기념품샵의 8개 관으로 구성되어 있으며 해설사의 안내와 함께 다양한 체험을 하면서 곤충을 관찰할 수 있는 공간입니다.

여주곤충박물관 내부

곤충표본관에서는 전 세계의 다양한 곤충을 표본으로 만날 수 있으며 곤충탐구관에서는 동영상으로 곤충의 삶과 애벌레에서 나비로 되는 과정을 살펴볼 수 있습니다. 특별전시관에서는 실험실 콘셉트로 곤충의 해부 표본들을 전시하고 있어 곤충들의 모습을 더욱 자세히 볼 수 있으며 곤충 화석도 돋보기를 이용하여 관찰할 수 있습니다. 정글탐험관은 입구에서 나눠준 손전등을 들고 곳곳에 숨어 있는 박제된 동물들을 살펴보도록 구성되어 있으며 곤충체험관에서는 장수풍뎅이, 사슴벌레, 사마귀 등 다양한 곤충을 직접 만져보고 관찰할 수 있습니다. 그리고 파충류전시관에서는 악어, 이구아나, 뱀 등 다양한 파충류들을 가까이에서 볼 수 있고, 파충류체험관에서는 선생님과 함께 파충류들을 직접 만져볼 수 있습니다. 마지막 유료체험관에서는 나무 곤충 목걸이, 곤충표본 만들기, 물고기 잡기 체험 코너가 마련되어 있어 선택하여 참여할 수 있습니다.

아산환경공학공원·생태곤충원

위치: 충남 아산시 실옥로 216
운영시간: 3월~10월(10:00~18:00), 11월~2월(10:00~17:00)
휴관일: 매주 월요일, 1월 1일, 설날 전날, 설날 당일, 추석 전날, 추석 당일
연락처: 041-538-1980

아산생태곤충원

아산환경공학공원·생태곤충원은 수서생물관, 육지생물관, 공기정화관, 곤충생태관, 나비관으로 구성되어 있으며 곤충과 나비 외에도 다양한 수서생물들을 관찰할 수 있어 2학년 교과 연계로 체험학습을 하기에 좋은 장소입니다.

아산환경공학공원·생태곤충원 내부

　수서생물관에서는 다양한 열대 기후에서 자라는 나무들과 함께 양서류, 다양한 물고기들과 함께 물방개 등을 관찰할 수 있으며 닥터 피쉬 체험을 할 수 있습니다. 육지생물관에서는 미어캣과 긴꼬리 너구리, 육지 거북 등 다양한 환경에서 사는 동물들을 관찰할 수 있습니다. 또한, 공기정화관에서는 미국항공우주국(NASA)이 밀폐된 공간에서 우주선 내 공기를 정화 시키기 위해 사용하는 식물들이라고 하는 포인세티아, 인도고무나무, 로즈메리 등을 볼 수 있습니다. 그리고 곤충생태관에서는 꿀벌과 사마귀, 바퀴벌레, 귀뚜라미 등 다양한 곤충을 관찰할 수 있으며 직접 장수풍뎅이 애벌레를 만져볼 수 있습니다. 나비관에서는 다양한 나비들과 나비의 한살이를 관찰할 수 있습니다.

　같은 건물에 높이 150m의 소각장 굴뚝을 이용해서 만든 50층 높이의 그린타워가 있는데, 꼭대기의 전망대에 올라가면 아산시 전체를 둘러볼 수 있습니다. 바로 옆에는 장영실과학관이 있어 다양한 체험을 통해 관련된 과학 개념과 원리를 이해할 수 있도록 구성되어, 함께 방문해 보는 것도 좋습니다.

📚 같이 읽으면 좋은 책

『촉촉한 여름 숲길을 걸어요』 김슬기 글·그림/ 시공주니어

이 책은 아이들이 여름에 비가 그친 뒤 숲길을 함께 걸어가면서 만나게 되는 동식물과 풍경을 의성어, 의태어를 사용한 표현을 통해 생생하게 담아내고 있습니다. 각 페이지의 그림 속에 여름 숲에서 볼 수 있는 식물과 동물들이 숨어있고, 옆에 동식물의 생김새에 대한 설명이 있어 실제 여름 숲에서 찾아볼 수 있습니다. 또한, 물웅덩이 놀이, 나뭇잎 놀이와 같이 비 온 뒤 숲에서 할 수 있는 놀이가 나와 있어 직접 숲으로 나들이 가서 따라 해볼 수 있습니다. 마지막 부분에 여름 숲에서 볼 수 있는 나무, 들풀, 곤충, 동물의 사진과 특징에 대해 한 번 더 정리되어 있어 아이들이 직접 숲에서 찾아보도록 도와줍니다.

이 외에도 『여름이 좋아 물이 좋아!』(김용란 글, 문학동네)는 여름에 물놀이를 간 수영이네 가족의 이야기를 통해 물놀이할 때의 주의할 점에 대해 생각해보게 하는 책으로 물놀이 안전을 배울 때 함께 읽어보면 좋습니다. 또한 『바다에 간 마녀 위니』(밸러리 토머스 글, 비룡소)는 마녀 위니가 너무 더운 여름날 더위를 피해 고양이 윌버와 바다로 피서를 떠나서 겪는 일들을 담고 있는 책으로 바다에서 경험한 것을 떠올려 볼 때 함께 읽으면 도움이 됩니다.

💡TIP 함께 나누면 좋을 이야기

- 여름에 숲에서 볼 수 있는 곤충에는 어떤 것들이 있는지 이야기해볼까?
- 혹시 숲에서 자세하게 관찰해보고 싶은 곤충이 있어? 왜 그 곤충을 관찰해보고 싶어?
- 여름에 볼 수 있는 여러 가지 나뭇잎들을 떠올려 보자. 나뭇잎들은 어떤 차이가 있고, 특징들이 있어?
- 여름에 숲에 갈 때 조심해야 할 것은 어떤 것들이 있을까?
- 여름에는 날씨가 덥다 보니 바닷가나 계곡, 수영장으로 물놀이를 많이 가게 되지. 물놀이할 때 지켜야 할 규칙에는 어떤 것들이 있을까?
- 여름철 냇가에서 어떤 곤충, 식물, 동물들을 볼 수 있을까?
- 냇가에서 올챙이를 본 적이 있어? 올챙이가 개구리로 어떤 과정을 거쳐 변하는지 이야기해볼까?
- 여름에 바닷가에서 모래 놀이해 본 경험을 떠올려 볼까? 만약 바닷가에 간다면 모래로 무슨 놀이를 하고 싶은지, 그 이유는 뭔지 말해볼까?

- 여름을 건강하게 보내기 위해 지켜야 할 것에는 어떤 것들이 있을까?
- 여름방학 때 꼭 하고 싶은 일을 이야기해볼까? 왜 그 일을 하고 싶은지, 그 일을 하기 위해 어떻게 할 건지, 이야기해 보자.

☼ 부모님이 들려주면 좋을 이야기

혹시 거미와 거미줄을 자세하게 본 적 있어? 거미는 거미줄을 만들어서 끈끈한 거미줄에 먹잇감이 달라붙으면 잽싸게 다가가 거미줄로 꽁꽁 묶은 다음 잡아먹는단다. 그런데 다른 곤충들은 이렇게 거미줄에 걸리는데 거미는 왜 끈끈한 거미줄에 걸리지 않는 걸까?

이에 대해서 여러 가지 과학자들의 다양한 의견이 있단다. 먼저 거미는 입에서 거미줄의 끈끈한 성질을 방해하는 액체를 토해낸 뒤 다리에 발라서 그렇다고 하기도 하고, 거미가 거미줄을 만들 때 세로줄은 끈끈하지 않게 만들어 세로줄로만 다니기 때문이라고도 한단다. 어떤 과학자들은 거미 발에 빽빽하게 난 가늘고 뻣뻣한 강한 털이 있고, 발끝에 발톱이 있어서 끈끈한 물질이 다리에 묻는 것을 줄여준다고 이야기하기도 해.

3. 2학년 2학기 『가을』 1단원 - 동네 한 바퀴

📌 교과서 분석

이 단원은 먼저 사진을 보면서 '우리 동네'에 대해 이야기를 나누면서 시작합니다. '우리 동네 모습', '우리 동네 사람들', '우리 동네 이모저모'로 나누어 배우는데 먼저 '우리 동네의 모습'에서는 우리 동네의 모습을 살펴보고 이를 바탕으로 우리 동네를 그림으로 표현해보고 관련된 노래를 불러보고 놀이도 해봅니다.

'우리 동네 사람들'에서는 동네 사람들이 하는 일을 조사해보고 조사한 내용을 친구들에게 설명해 보거나 뉴스의 형식으로 전해봅니다. 그리고 다양한 직업과 관련된 놀이를 해 보고 여러 가지 직업을 친구들과 함께 체험해 보며 일하면서 부르는 노래를 배우고 부릅니다.

'우리 동네 이모저모'에서는 동네를 위해 우리가 할 수 있는 일을 찾아 실천해보고 고마운 분들께 편지를 쓰며 마음을 전해보며 우리 동네 소식지를 만들어봅니다. 또한, 장사하는 사람의 모습을 떠올리며 노래를 배우고 불러보며 우리 동네에 있었으면 하는 것을 생각해보고 살고 싶은 우리 동네를 만듭니다.

📌 체험장소

이 단원에서는 동네 사람들이 하는 일을 조사하고 다양한 직업에 대해 알아보는 내용이 나오므로 다양한 직업을 이해하고 경험할 수 있는 화성시어린이문화센터나 서울과 부산에 있는 키자니아, 순천과 성남에 있는 잡월드, 대전 어린이회관, 대구의 리틀소시움 등을 방문하면 좋습니다. 또한, 경찰에 대해 알아보고 경찰체험을 해볼 수 있는 경찰박물관이나 방송과 관련된 다양한 직업을 알아보고 경험해 보고 싶다면 KBS한국방송 견학홀을 방문하는 것도 도움이 될 수 있습니다.

한국잡월드 외부

한국잡월드

위치: 경기 성남시 분당구 분당수서로 501
운영시간: 9:00~18:30
휴관일: 매주 일요일, 1월 1일, 설날 및 추석 연휴
연락처: 1644-1333
(청소년체험관과 어린이체험관으로 구분되어 운영되며 체험관은 사전 예약으로 운영, 사전예약을 하지 못한 방문객의 경우, 잔여석에 한해 당일 현장신청이 가능함)

한국잡월드는 어린이와 청소년, 학부모와 일반성인을 대상으로 다양한 직업에 대해 알아보고 자신에게 맞는 직업을 탐색, 체험할 수 있는 곳으로 어린이체험관, 청소년체험관, 진로 설계관, 숙련기술 체험관으로 구성되어 있습니다.

한국잡월드 내부

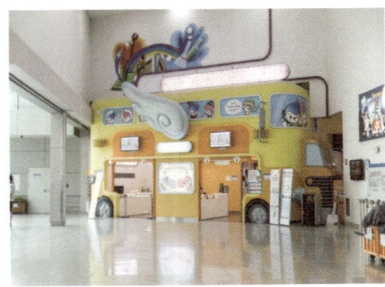
한국잡월드 어린이체험관

어린이체험관은 5세~ 초등 4학년을 대상으로 하며 직업 마을을 구성하여 어린이들이 놀이를 통해 다양한 직업을 체험하면서 창의력, 협동력을 배울 수 있도록 한 직업테마 놀이 공간입니다. 어린이

체험관은 '함께 동네', '요리광장', '상상 캠프', '예술회관', '방송단지', '꾸밈 센터', '연구단지', '의료센터', '스포츠센터'의 9개의 테마로 나누어 구성되어 있으며 직업들은 친근성, 희망 직업, 즐거움, 교육성, 어른 느낌, 가치발견, 체험기능의 기준으로 54개가 선정되어 있습니다. 어린이체험관은 오전 1부와 오후 2부로 나눠 운영하고 있어, 1부나 2부 중 한 타임을 골라 예매하거나 종일권을 끊어 종일 체험할 수 있습니다. 아이들이 입장할 때는 조이라는 포인트를 받는데 총 50조이를 받으며 이는 직업체험을 할 때 사용할 수 있습니다. 체험 후에 조이를 받기도 하고 체험이 끝난 뒤 남은 조이는 조이샵에서 물건을 살 수도 있고, 은행에 저금하고 다음에 방문할 때 찾아서 이용할 수 있습니다. 또한, 직업마다 시간별로 체험할 수 있는 인원수가 정해져 있어서 미리 체험하고 싶은 직업을 생각한 뒤 대기석에서 대기한 뒤 참여합니다.

청소년체험관은 초등 5학년~ 고등 3학년을 대상으로 하며 3개의 기획체험실을 포함하여 76개의 직종, 44개 체험실로 구성되어 있습니다. 청소년체험관은 실제 현장과 유사하게 조성된 체험실에서 역할연기 방식으로 직업체험을 하는 공간입니다.

진로 설계관은 초등 5학년~ 고등 3학년을 대상으로 하며 놀면서 나의 흥미와 재능에 관한 검사를 하여 나에 대해 알아보고, 다양한 프로그램을 통해 나의 꿈을 다짐하고 진로 계획을 세워보는 공간입니다. 진로 설계관은 사전 예약 없이 당일 현장 발권을 통해 입장이 가능하지만 놀이형 직업 심리검사, 진로해석상담서비스, 미래역량 강화프로그램, 진로역량 강화프로그램 등은 미리 홈페이지에서 예약을 통해 참여할 수 있습니다. 다양한 프로그램은 체험 연령과 인원이 정해져 있으므로 확인한 뒤 관심 있는 프로그램이 있다면 참여하도록 합니다.

숙련기술체험관은 초등 5학년에서 고등 3학년을 대상으로 하며 첨단, 기초, 전통숙련기술 3개의 테마의 10개의 체험실로 구성되어 있습니다. 게임적 요소를 도입하여 체험 흥미를 극대화하며 단편적 기술체험이 아니라 다양한 융합 콘텐츠를 통해 직업에 대한 정체성을 키울 수 있도록 구성되어 있습니다.

화성시어린이문화센터 외부

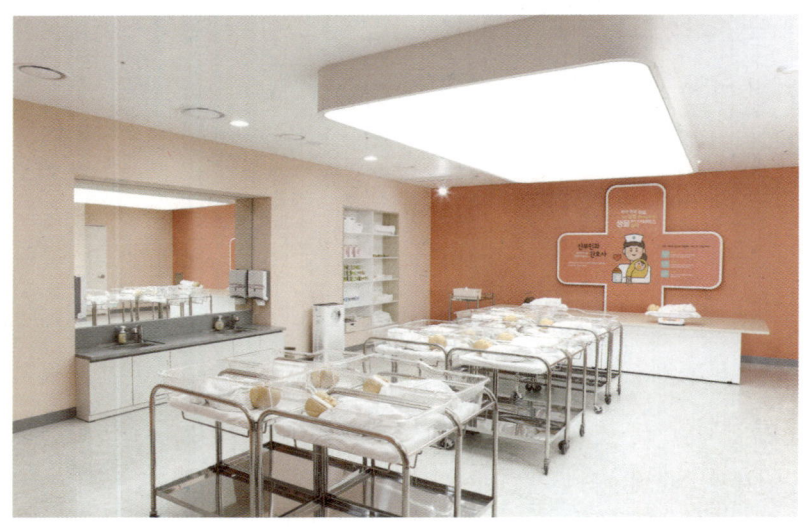

화성시어린이문화센터

위치: 경기 화성시 봉담읍 동화길 146
운영시간: 9:30~18:30
휴관일: 매주 월요일, 1월 1일, 명절 연휴 중 주중 휴관, 주말 운영
연락처: 031-5183-3200

화성시어린이문화센터

화성시어린이문화센터는 다양한 체험과 전시로 어린이들의 호기심과 상상력을 자극하고 무한한 꿈을 응원하기 위해 마련된 공간으로 전시관과 키즈체험관, 아이누리 극장으로 구성되어 있습니다.

전시관에서는 공룡체험관, 사이언스 랩, 숲의 멜로디, 바다탐험, 자라는 숲, 어린이방송국, 환경체험관으로 나누어 다양한 주제와 오감을 자극하는 전시가 다채롭게 진행되고 있습니다. 또한, 교육실에서는 나이에 따라 시기별로 다른 주제를 정해 교육을 진행합니다.

키즈체험관은 3개의 관으로 공룡체험관, 화석발굴현장, 건축 놀이 학교, 산부인과, 로보틱스연구소, 스마트농업연구소, 문화유적 스튜디오, 미래 자동차연구센터 등으로 구성되어 있으며 아이들이 다양한 직업을 체험하고, 관련 경험을 하면서 이를 통해 '왜?'라는 의문을 가지고 문제에 부딪혔을 때 스스로 해결할 방법을 탐구하도록 합니다.

아이누리 극장에서는 뮤지컬과 감염병 예방 공연, 연극 등이 저렴한 가격으로 열리고 있으므로 미리 확인한 뒤 관람할 수 있습니다.

화성시어린이문화센터 내부

📚 같이 읽으면 좋은 책

『우리 동네 한 바퀴』 정지윤 글·그림/ 웅진주니어

이 책은 채소 장사를 하는 준구네 아빠가 6월 달력을 뜯어서 채소를 포장하면서 시작합니다. 이렇게 준구네 집에서 시작된 달력 종이가 동네 한 바퀴를 돌고 다시 준구네 집으로 종이비행기가 되어 돌아오는데, 종이의 이동에 따라 동네 구석구석의 모습을 보여줍니다. 동네에 있는 다양한 가게와 놀이터, 동네 아이들, 길고양이까지 정감 가는 그림으로 그려져 있으며 이를 통해 다양한 각도로 동네를 자세하게 살펴볼 수 있도록 합니다.

『어슬렁어슬렁 동네 관찰기』 이해정 글·그림/ 웅진주니어

이 책은 작가가 자신의 동네를 직접 관찰하며 쓴 책으로 『가을』 교과서에 일부분이 담겨 있습니다. 먼저 작가는 전체적인 동네의 모습을 살펴보고 나서 대문, 할머니들의 모습, 도깨비시장, 한강 다리 밑과 같이 하나의 장소나 주제를 정해 다양한 감각을 이용하여 자세하게 관찰합니다. 이 책은 동네의 모습을 실감 나고 생생한 표현과 상세한 설명이 되어 있는 그림으로 담고 있어 재미있게 읽고, 함께 이야기 나눌 수 있으며 이를 통해 우리 동네를 관찰하고 표현하는 방법도 배울 수 있습니다.

📚 같이 읽으면 좋은 책

『다 같이 돌자 직업 한 바퀴』 이명랑 글/ 조경규 그림/ 주니어김영사

이 책은 주인공인 현상이가 아침부터 하루를 보내면서 만나게 되는 다양한 사람들과 그 사람들이 하는 일인 직업을 이야기 형식으로 소개하는 책입니다. 또한, 어떤 직업을 가진 사람들이 하는 일에 대한 보충 설명과 그 직업을 가진 사람이 일할 때 필요한 도구도 그림과 함께 자세하게 설명합니다. 마지막에 하루 동안 현상이가 만난 우리 동네 일꾼들에 대해 한 번 더 정리해 두어서 아이들이 다양한 직업에 대해 이해하도록 합니다.

『우리 동네 슈퍼맨』 허은실 글/ 이고은 그림/ 창비

이 책은 우리 동네에 사는 7명의 사람이 집에서는 평범한 생활을 하지만, 일할 때 입는 옷을 입으면 동네를 위해 일하는 영웅이 되는 모습을 소개합니다. 실제 일할 때의 모습뿐만 아니라 일을 하기 위해 준비하는 모습까지 담고 있어 아이들이 직업에 대해 좀 더 잘 이해하도록 도와줍니다. 또한, 이 책은 그 직업과 같은 색의 옷을 입거나, 특별한 모자나 신발을 신는 직업과 일할 때 필요한 도구나 함께 일하는 사람들의 직업도 소개하고 있습니다.

 **함께 나누면 좋을 이야기**

- 우리 동네에서 볼 수 있는 것은 어떤 것들이 있어?
- 동네 사람들이 하는 일은 어떤 것이 있을까?
- 내가 주변에서 보거나 들었던 직업은 어떤 것들이 있는지 이야기해볼까?
- 동네 사람들의 직업 중에 평소에 관심이 가거나 궁금했던 직업이 있었어? 무슨 직업이고, 특히 어떤 점이 궁금했었어?
- 만약 내가 지금 어른이 되어 직업을 가진다면 어떤 일을 해 보고 싶어?
- 우리 동네를 위해 우리가 할 수 있는 일에는 무엇이 있을까?

☼ 부모님이 들려주면 좋을 이야기

현재 주변에서 흔히 볼 수 있는 직업들이 네가 어른이 되었을 때도 지금 그대로의 모습으로 남아 있을까? 최근에 식당에 가서 키오스크를 이용해 본 적 있어? 가게에 갔을 때 직원이 주문을 받는 게 아니라 기계에서 먹고 싶은 음식을 선택한 뒤 결제까지 하고 기다리면 음식이 나오는 거야. 그리고 가게에 직원을 두지 않는 무인 가게도 가본 적 있지? 이렇게 지금도 사람을 대신하여 기계가 일하는 모습을 종종 볼 수 있는데 네가 어른이 되었을 때는 이가 더 많이 늘어날 거야. 그렇게 된다면 식당이나 마트에서 계산하는 직원들이나 관련 직업들은 없어질 수도 있어. 영국 옥스퍼드 대학교 보고서에 따르면 인공지능의 발달로 현재 직업의 47%는 미래에 사라질 직업이라니 정말 엄청나지?

그럼 미래에는 어떤 직업들이 새로 생겨날까? 미래에는 로봇의 사용이 늘어나면서 새로운 로봇을 만들거나, 고장 나면 고치기도 하는 로봇 기술자라는 직업이 생겨날 수도 있어. 또 미래에는 우주여행이 자유로워지면서 우주여행을 가려는 사람들이 우주 환경에 적응할 수 있게 도와주고, 안전하게 여행을 할 수 있게 해주는 우주여행 가이드라는 직업도 생길 수도 있겠지. 또한, 영양이 풍부하고 요리하기 편한 새로운 작물을 개발하는 식품 융합 기술자라는 직업도 생길 수 있을 거야. 이렇게 미래의 모습을 상상해 보고, 또 새롭게 생겨날 직업들도 한 번씩 생각해보면 좋을 것 같아.

4. 2학년 2학기 『겨울』 1단원 - 두근두근 세계 여행

📌 교과서 분석

이 단원은 세계지도를 보면서 '다른 나라'에 대해 이야기를 나누며 시작하는데 크게 '지도 퍼즐을 맞추자', '다른 나라 여행을 준비해요', '다른 나라를 여행해요'의 세 개로 나누어져 구성되어 있습니다. 먼저 '지도 퍼즐을 맞추자'에서는 세계지도를 보며 가고 싶은 나라에 관해 이야기를 나눈 뒤, 가고 싶은 나라의 국기를 지도에 붙여보고 내가 가고 싶은 나라의 자랑거리를 찾아봅니다. 또한, 내가 가고 싶은 나라에 대해 좀 더 알아보고 친구들에게 소개해보며 세계 여행과 관련된 노래를 배우고 관련된 놀이도 해봅니다.

'다른 나라 여행을 준비해요'에서는 다른 나라의 전통 의상에 대해 알아보고 공통점과 차이점을 생각한 뒤 기준을 정해 나누어 봅니다. 또한, 가고 싶은 나라의 전통 의상을 그림이나 찰흙 등 다양한 재료를 이용하여 표현해보고 노래를 부르며 다른 나라의 인사말에 대해 배워봅니다.

'다른 나라를 여행해요'에서는 다른 나라 사람들은 어떤 집에서 어떻게 지내는지 알아보고 여러 가지 방법으로 다른 나라의 집을 나타내봅니다. 또한, 다른 나라 사람들은 어떤 음식을 먹는지 알아보고 다른 나라 음식을 조사하여 친구들에게 소개하고 다른 나라 음식을 고무찰흙을 이용하여 만들어봅니다. 그리고 다른 나라 어린이들이 노는 모습을 살펴보고 다른 나라의 놀이나 장난감을 친구들에게 소개해봅니다. 이어서 함께 세계 여러 나라의 장난감을 만들어 보고 세계 여러 나라의 민요를 부르며 동작을 해봅니다. 다른 나라 친구들을 만났을 때 지켜야 할 일을 알아보고 역할 놀이해봅니다. 마지막으로 세계 여러 나라의 춤에 대해 알아보고 춤출 때 입는 의상을 만들어 보고 발표회를 열어봅니다.

📌 체험장소

이 단원에서는 이렇게 세계 여러 나라에 대해 배우는 만큼 세계의 다양한 문화에 대해 알아보고, 체험할 수 있는 다문화박물관이나 인천 어린이박물관의 문화탐구관을 방문하면 도움이 됩니다. 특히 자세히 알아보고 싶은 지역이나 나라가 있다면, 우리나라에 있는 다양한 외국 문화원을 방문하면 됩니다. 외국 문화원은 각 나라의 문화를 알리기 위해 해외에 세운 공간으로 한 나라의 예술작품과 언어, 교육, 스포츠 등 문화와 관련된 모든 것을 소개하는 곳입니다. 우리나라에 있는 외국 문화원으로는 중국, 일본, 영국, 프랑스, 독일, 이탈리아, 몽골 문화원과 미국 대사관 자료 정보센터, 이스탄불 문화원, 뉴질랜드 교육문화원, 중남미문화원, 중동문화원이 있습니다. 이들 문화원 중에 이탈리아와 미국의 문화원은 자료실만 운영하고 있고 주로 어른을 대상으로 하기 때문에 어린이들이 이용할 만한 시설이 거의 없습니다. 문화원마다 이용 방법이 다르기 때문에 방문하고자 하는 문화원이 있는 경우, 미리 전화하거나 홈페이지에서 이용시간이나 준비해야 할 것을 확인한 후 방문하도록 합니다. 또한, 아프리카의 문화와 예술에 대해 자세하게 알고 싶다면 아프리카의 환경을 주제로 한 복합문화공간인 양평 아프리카문화예술박물관에 방문하면 됩니다.

다문화박물관 외부

다문화박물관 내부

다문화박물관

위치: 서울 은평구 불광로 135
운영시간: 화~금(13:00~17:50), 토요일·공휴일(10:00~17:50), 일반관람은 평일 3부제, 토요일 및 공휴일은 4부제로 운영되며, 각 시간별 전시 설명이 가능함.
휴관일: 매주 월요일, 일요일, 추석, 설 명절, 기타 박물관 관장이 지정한 날
연락처: 02-323-6848(전화로 사전 예약을 통해 관람 가능)

다문화박물관

다문화박물관은 세계의 다양한 문화를 현장에서 직접 다양하게 체험할 수 있는 공간으로 전체 5층으로 이루어져 있습니다. 1층에는 네덜란드의 풍차와 이탈리아 피사의 사탑, 트로이목마, 인도의

타지마할과 같이 각 나라의 랜드마크들을 전시해 놓았습니다. 2층에는 중국관, 태국관, 이집트관으로 나누어져 있으며 중국의 만리장성과 이집트의 피라미드 내부와 같이 각 나라의 건물과 상징물들의 모형이 전시되어 있습니다. 3층에는 이탈리아관, 인도네시아관뿐만 아니라 화폐, 인형, 오르골, 의상, 악기와 같은 다양한 주제별 전시관들이 있습니다. 4층에는 음식과 의상 등을 직접 체험할 수 있는 체험관과 공연장이 있으며, 5층에는 여러 나라의 특별한 날에 입는 옷과 혼례복이 전시되어 있습니다.

　다문화박물관에서는 매월 주말에 하와이 훌라 체험, 프랑스 미식 여행. 세계 음악 여행 등과 같이 특별한 나라와 테마를 정해 다양한 체험이 이루어지고 있으므로 미리 살펴보고 예약한 뒤 참여한다면 아이들이 다양한 나라의 문화에 대해 더욱 잘 이해하고 가깝게 느낄 수 있을 것입니다.

다문화박물관 내부

중남미문화원

위치: 경기 고양시 덕양구 대양로 285번길 33-15
운영시간: 4월~10월(10:00~18:00), 11월~3월(10:00~17:00)
휴관일: 매주 월요일, 설날 및 추석 당일
연락처: 031-962-9291

중남미문화원은 우리에게 낯선 중남미 지역의 문화에 대한 이해를 돕기 위해 설립된 박물관과 미술관, 종교전시관, 조각공원을 포함한 공간으로 다양한 중남미의 유물과 미술품들이 전시되어 있습니다.

박물관은 스페인 양식의 돌로 만든 분수대가 있는 중앙홀과 4개의 전시관으로 구성되어 있습니다. 제1 전시관에는 멕시코-중미 일대의 생활 용기, 종교의식, 장식품으로 사용되었던 다양한 토기들이 있으며 제2 전시관에는 현재의 중남미의 문화를 번성시켰던 부족들이 사용하던 나무 의자와 도끼, 방망이 등이 전시되어 있습니다. 제3 전시관에서는 멕시코 원주민들의 다양한 상징적인 가면들을 살펴볼 수 있으며 제4 전시관에는 중남미의 광산 지대에서 나는 구리를 활용하여 만든 각종 식기와 장식품들이 전시되어 있습니다.

미술관에서는 도미니카 공화국 출신의 화가 깐디도 비도의 미술 작품과 멕시코 출신의 조각가인 프란시스코 수니가의 조각 작품들이 전시되어 있습니다.

중남미문화원 내부

📚 같이 읽으면 좋은 책

『여기가 우리 집이라면』 자일스 라로슈 글·그림/ 시공주니어

이 책은 우리가 주변에서 쉽게 볼 수 없지만, 세계 여러 나라 사람들이 살고있는 다양한 형태의 집 15가지를 소개합니다. 집의 특징에 대해 사진과 함께 설명하고, 사용한 재료와 집이 있는 위치, 집과 관련된 재미있는 사실을 제시합니다. 아이들은 이 책을 읽고 세계의 여러 집의 형태에 대해 알게 되고 환경과 이에 맞는 다양한 생활 방식이 있다는 것을 이해할 수 있습니다.

이 외에도 관심이 가고 자세히 알고 싶은 나라가 있다면『용선생이 간다(세계문화여행편)』(사회평론역사연구소 글, 사회평론) 세트에서 골라서 읽어보는 것도 도움이 됩니다. 이 책은 코스를 짜서 나라를 여행하는 것처럼 구성하여 해당 나라의 역사, 음식 문화, 경제에 대한 정보를 재미있게 담고 있습니다.

> **TIP 함께 나누면 좋을 이야기**
>
> - 평소 가보고 싶었던 나라가 있었어? 왜 그 나라에 가보고 싶다는 생각이 들었어?
> - 내가 가보고 싶은 나라에 대해 알고 있는 것을 다 이야기해볼래?
> - 우리나라의 전통 의상은 한복이지. 다른 나라의 전통 의상 중에 알고 있는 것 있니?
> - 다른 나라의 전통 의상 중 입어보고 싶은 옷이 있어? 왜 그 옷을 입고 싶었어?
> - 다른 나라의 집 중에 직접 가서 보고 살아보고 싶은 집이 있어? 왜 그 집에서 살고 싶어?
> - 다른 나라의 음식 중에 좋아하는 음식이 있어? 혹시 먹어 보지 못했지만, 먹고 보고 싶은 음식이 있어?
> - 우리나라에서 다른 나라에서 온 친구를 만나게 된다면, 어떻게 행동해야 할까?

☆ 부모님이 들려주면 좋을 이야기

　세계의 다양한 나라에서 인사하는 방법이 다르다는 거 알아봤지? 이와 비슷하게 나라마다 다른 예의 바른 행동에 대해 알아보자. 우리나라에서는 그릇을 손에 들고 먹지 않고 음식 먹을 때 소리를 내지 않는 것이 예의라고 하지. 그런데 우리와 가까운 나라인 일본에서는 그릇을 들고 밥을 먹고, 후루룩 소리를 내며 국수를 먹는 것이 음식이 아주 맛있다는 표현이라고 해. 또 중국에서는 식사가 끝나면 접시에 음식을 조금 남기는 것이 식사를 준비한 사람에게 고마움을 전하는 것이며 음식이 배부를 만큼 충분했음을 표현하는 거라고 해.

　같은 문화권에 속하는 한국, 중국, 일본이지만 이렇게 나라마다 예의 바른 행동이 다르다는 게 신기하지? 그리고 인도나 아프리카 일부 지역에서는 오른손으로 음식을 먹는데, 왼손은 사용하면 안 된다고 해. 이집트에서는 자기 앞에 놓은 음식에 소금을 뿌리면 안 되고, 터키에서는 음식을 남기지 않는 게 예의라고 해. 우리가 어떤 나라에 방문하려고 한다면 미리 그 나라의 예의 바른 행동에 대해 알아보고 방문해야 실수하지 않을 수 있어. 그리고 만약 우리나라에서 다른 나라 사람을 만나게 된다면 우리와 다른 행동을 한다고 이상하게 생각하지 말고, 그 나라 문화를 알아보고 이해해야겠지?

1, 2학년 안전한 생활

2014년 세월호 사건 이후 안전에 대한 경각심을 높이고자 교육부는 유아부터 고교 단계까지 체계적인 안전 교육이 가능하도록 발달 단계에 따른 안전 교육 표준안을 마련하였으며 학교생활 안전 매뉴얼 앱을 만들었습니다. 이를 바탕으로 2018년부터 1, 2학년에는 창의적 체험활동 중 자율활동 시간에 포함된 '안전한 생활'을 교과서와 함께 학습하게 되었습니다. 이는 단순히 아는 것이 아니라 생활 속 실천이 중요한 만큼 다양한 상황 속에서 실제적인 체험을 통한 체득이 무엇보다 중요하다고 할 수 있습니다.

✒ 교과서 분석

1학년	2학년
1. 나는 안전 으뜸이 (1) 안전하고 즐거운 학교 (2) 신나는 나들이	1. 안전은 내가 먼저 (1) 안전한 우리 집 (2) 즐겁고 안전하게
2. 우리 모두 교통안전 (1) 안전한 길 (2) 교통 규칙을 지켜요	2. 교통안전, 이렇게 실천해요 (1) 자전거를 안전하게 타요 (2) 교통수단을 안전하게 이용해요
3. 소중한 나 (1) 슬기롭게 행동해요 (2) 우리 모두 소중한 친구	3. 소중한 우리 (1) 침착하고 슬기롭게 (2) 친구와 사이좋게 지내요 (3) 나를 지켜요
4. 우리 모두 안전하게 (1) 조심조심 불조심 (2) 지진이 나면	4. 안전하고 건강하게 (1) 불이 나면 (2) 계절마다 안전하게

　1학년은 1단원에서 학교 교실, 특별실, 운동장에서 안전하게 보내는 방법과 야외나 실내 체험학습을 갈 때 주의할 점을 배웁니다. 2학년은 1단원에서 집에서 일어날 수 있는 사고와 안전하게 보내기 위한 약속을 해 보고 캠핑과 같은 야외 활동에서 지켜야 할 안전 수칙에 대해 배웁니다.

　또한, 2단원은 1, 2학년 모두 교통안전에 대해 배우는 데 1학년은 횡단보도를 안전하게 건너는 방법과 골목에서 주의해야 할 점에 대해 알아보고 자전거나 스케이트를 탈 때 보호장구의 중요성에 대해 배우고 자동차에서 안전띠의 중요성과 안전띠를 바르게 매는 방법에 대해 배웁니다. 2학년은 자전거를 안전하게 타는 방법에 대해 구체적으로 알아보고 자동차와 기차, 배, 비행기와 같은 다양한 교통수단을 이용할 때 주의할 점에 대해 배웁니다.

3단원은 1, 2학년에서 모두 낯선 사람을 조심하고, 길을 잃었을 때 대처하는 방법과 학교폭력에 대해 알아보고 괴롭힘과 장난의 차이에 대해 생각해봅니다. 2학년은 더 나아가 소중한 나를 지키기 위한 방법과 가정 내에서 일어나는 폭력에 대해서도 학습합니다.

4단원은 1, 2학년 모두 화재 발생 원인에 대해 알아보고 불이 났을 때 대처 방법에 대해 배웁니다. 1학년에서는 지진이 났을 때 어떻게 해야 하는지 알아보고 대처 방법을 연습해봅니다. 2학년에서는 봄의 황사와 미세먼지, 여름의 태풍, 겨울의 폭설, 한파와 같이 계절별로 발생하는 문제와 안전하게 대처하는 방법에 대해 학습합니다.

📌 **체험장소**

전국에 있는 안전 체험관에서는 우리의 안전을 지킬 수 있는 교통안전, 자연 재난, 지진체험 등 다양한 안전과 관련 체험을 할 수 있습니다. 특히 교통안전과 관련된 내용을 체험하기 위해서는 용인 삼성화재 교통박물관 옆에 있는 애니카 교통 나라를 방문하거나 안산, 천안에 있는 어린이 교통안전체험관을 가보면 됩니다. 또한, 해양 안전에 대해 알아보고 체험하고 싶다면 안산에 있는 경기 해양안전체험관을 방문하면 됩니다.

• 안전 체험관

대부분의 안전 체험관은 예약하여야 하며 방학이나 휴일에는 예약이 어려운 경우도 있습니다. 연령에 따라 체험이 구분되어 있기도 하므로 꼭 미리 확인한 뒤 방문하도록 합니다.

〈전국의 지역별 안전 체험관〉

지역	안전 체험관
서울, 인천	서울 보라매 안전 체험관(동작구), 서울 광나루 안전체험관(광진구), 서울 어린이 안전교육관(송파구), 인천 국민안전체험관
경기도	경기도 국민안전체험관(오산), 부평 안전체험관(부평), 어린이안전체험관 KIDSEPIA(시흥), 구리시 안전체험관(구리)
충청북도	충북 안전체험관(청주), 진천 종합안전교육체험관(진천)
충청남도	충청남도 안전체험관(천안), 서해안안전체험관(서산), 충남 학생안전체험관(공주), 대전교통문화연수원(대전)
전라북도	전라북도 119안전체험관(임실)
전라남도	빛고을 국민안전체험관(광주), 강진군 안전교육종합체험관(강진)
강원도	365 세이프타운 5G 재난 안전체험관(태백)
경상북도	울진 안전체험관(울진), 대구 시민 안전 테마파크(대구)
경상남도	울산 안전체험관(울산), 창원 시민안전체험관(창원) 경상남도 학생 안전 체험 교육원(진주) 119 부산 안전체험관(부산), 부산 학생안전체험관(부산)
제주도	제주안전체험관

📚 함께 읽으면 좋은 책

『슬기로운 안전 생활』 서지원 글/ 김소희 그림/ 개암나무

조심성이라고는 전혀 없는 사고뭉치인 '마구해'와 마구해의 친구이며 조심성이 많은 '조심해', 마구해와 조심해를 돕고 안전 수칙을 알려주는 '안전왕'이 등장하여 재난 안전, 약물과 사이버 중독 안전, 실종 유괴 안전, 교통사고 안전, 생활 속 안전, 응급 상황 속 안전으로 주제를 나누어 다루고 있습니다. 만화를 통해 각 상황을 재미있게 제시하고 대처하는 방법을 그림과 궁금한 점을 안전왕에게 묻고 대답하는 형식으로 담고 있습니다. 또한, O, X 퀴즈를 통해 상황별 대처 방법에 대해 한 번 더 확인하도록 구성되어 있습니다.

이 외에도 『초등 저학년 일 년 내내 안전한 생활』(최형미 글, 아르볼) 시리즈는 총 10권으로 학교, 우리 집, 응급처치, 교통사고, 자연 재난, 비상 대피, 중독, 야외 활동, 폭력 등의 주제로 구성되어 있습니다. 이 책들은 어린이가 경험하는 안전사고를 이야기 형식으로 담고 있으며, 그 예방법과 대처법을 함께 소개합니다. 초등 저학년 아이들이 어렵지 않게 읽을 수 있는 그림책으로 재미있게 읽고 안전 생활을 습관화하는 데 도움을 줍니다.

Chapter 5

학습이 본격적으로 시작되는 3학년

3학년의 특징

3학년은 저학년에서 벗어나는 시기로 몸이 늘 앞서고 자기중심적이었던 1, 2학년 때와는 달리 자신의 감정을 잘 설명하고 앞뒤 상황을 조리 있게 말하기도 합니다. 또한, 다른 사람의 감정과 생각을 조금씩 이해하게 되는 사회성이 발달하면서 친구들과의 관계가 점점 중요해지게 됩니다. 따라서 아이들에게 교사, 부모의 영향력은 조금씩 줄어들고 친구의 영향력이 점점 늘어나며 또래 집단을 형성하기도 합니다.

3학년 아이들은 학교에서도 큰 변화를 겪는 때입니다. 일단 1, 2학년 때 국어, 수학, 통합교과(봄, 여름, 가을, 겨울), 안전한 생활뿐이었던 교과목이 두 배로 늘게 됩니다. 또한, 법정 수업 시수도 주당 3시간 정도 많아지고 통합교과가 사라지고 사회, 과학, 영어 등

교과가 생겨나 아이들이 공부해야 할 양이 갑자기 늘게 됩니다. 사회나 과학 교과는 실생활과 관련도 깊고 과목 특성상 해당하는 주제에 대해 얼마나 알고 있느냐가 아이의 흥미와 공부에 집중하는 능력을 결정하게 됩니다. 따라서 아이들이 관련 주제와 연관된 책을 읽고 장소들을 함께 방문해 본다면 좀 더 사회, 과학 수업에 흥미를 갖고 참여하여 해당 내용에 대한 이해력도 향상되며 교과목 나아가서 학교생활에 전반에 자신 있게 참여할 수 있습니다.

1. 사회 교과 내용 분석

　3학년 사회는 내가 생활하는 곳인 우리 고장에 관한 내용이 나와 있습니다. 구체적으로 살펴보면 1학기에는 우리 고장의 산, 도로, 학교 등을 살펴보며 디지털 영상 지도를 이용해 우리 고장의 실제 모습을 알아봅니다. 그리고 우리 고장의 옛이야기와 문화유산, 교통과 통신의 발달에 따른 생활 모습을 살펴봅니다. 2학기에는 환경에 따라 다르게 생활하는 여러 고장 사람들의 모습을 살펴보고, 시대에 따라 우리 삶의 모습, 가족의 형태와 역할이 어떻게 변화하는지에 대한 내용이 소개됩니다.

3학년 사회	1단원	2단원	3단원
1학기	우리 고장의 모습	우리가 알아보는 고장 이야기	교통과 통신 수단의 변화
2학기	환경에 따라 다른 삶의 모습	시대마다 다른 삶의 모습	가족의 형태와 역할 변화

 1학기 1, 2단원과 2학기 1단원은 우리 고장과 관련된 내용이 나오므로 평소 주변에 관심을 가지고 고장의 모습들을 살펴보면 좋습니다. 특히 우리 고장의 문화유산과 관련된 옛이야기들에도 관심을 가지고, 관련된 장소들을 직접 방문하여 다양한 체험해 본다면 학습에 도움이 될 것입니다. 또한, 평소 우리 고장의 환경에 따른 생활 모습들을 주변 어른들, 이웃들의 모습을 보며 살펴보고 다른 고장을 방문할 일이 있으면 날씨와 지형 등 환경과 그에 따른 사람들의 생활 모습들을 우리 고장과 비교하여 살펴보면 좋습니다.

 색상 표시한 1학기 3단원 교통과 통신 수단의 변화 단원과 2학기 2단원 시대마다 다른 삶의 모습의 세부 교과 내용과 체험학습 장소, 함께 읽으면 좋은 책들은 뒤에 자세하게 제시해 두었습니다.

2. 3학년 1학기 3단원 - 교통과 통신 수단의 변화

📌 교과서 분석

첫 번째 소단원에서는 교통수단과 관련된 내용으로 옛날 사람들과 오늘날 사람들이 교통수단을 이용하는 모습을 알아본 뒤 서로 비교해봅니다. 또한, 교통수단의 발달로 달라진 사람들의 생활 모습과 고장의 환경에 따라 이용하는 교통수단에 대해서도 알아봅니다. 나아가 교통수단의 발달로 달라질 미래의 생활 모습을 예상해봅니다.

두 번째 소단원에서는 통신 수단과 관련된 내용으로 옛날 사람들과 오늘날 사람들이 통신 수단을 이용하는 모습에 대해 알아본 뒤 비교해봅니다. 또한, 통신 수단의 발달로 달라진 사람들의 생활 모습을 알아보고 장소나 하는 일에 따라 달라지는 통신 수단의 이용 모습을 알아봅니다. 또한, 앞으로 달라질 미래의 생활 모습도 생각해봅니다.

📌 체험장소

아이들이 오늘날의 교통, 통신 수단에 대해서 주변에서 많이 보고 실제로 이용하고 있어서 이해하기가 어렵지 않습니다. 그러나 옛날의 교통, 통신 수단은 전혀 경험해 본 적이 없고 어른들께 들은 이야기를 통해 어렴풋하게 짐작하고 있는 경우가 많습니다. 따라서 옛날의 교통, 통신 수단들을 살펴볼 수 있는 철도박물관, 우정박물관, 우표박물관, 교통박물관, 국립항공박물관 등을 방문하고 관련 책들을 함께 읽는다면 학생들의 이해도를 높이고 흥미를 갖고 학습할 수 있습니다.

철도박물관 외부 전시물

철도박물관 본관 전경

철도박물관

위치: 경기 의왕시 철도박물관로 142 철도박물관
운영시간: 하절기 3월~10월(9:00~18:00, 동절기 11월~2월 (9:00~17:00)
휴관일: 매주 월요일, 1월 1일, 설이나 추석 연휴 기간
연락처: 031-461-3610

철도박물관은 국내 유일의 철도 전문 박물관으로 120년의 철도 역사와 기차의 원리, 시설 등을 살펴볼 수 있습니다. 철도박물관은 1층, 2층으로 이루어져 있는 실내 전시실과 야외전시실로 구분되어 있습니다.

철도박물관 내부

　1층에는 역사실, 차량실, 철도모형 디오라마실, 운전 체험실 등이 있습니다. 역사실에는 우리나라 최초 철도 개통부터 현재까지 철도의 주요 역사와 사건들을 시간 순서대로 전시하고 있으며 차량실에서는 각종 기관차 모형과 실제 차량 부품, 여객열차의 변천 과정들을 볼 수 있습니다. 또한, 철도모형 디오라마실에서는 평일 2회, 주말 3~4회 정도 철도모형 디오라마 운영하여 30년 전 서울을 가상으로 꾸민 공간에서 현재 운행 중이거나 과거 운행되었던 기차들이 차량기지를 출발하여 레일을 달리는 모습을 가까이서 살펴볼 수 있습니다. 운전 체험실에서는 어린이들이 직접 기차 기관사가 되어 3분 정도 열차를 운전해보며 속도감을 느껴볼 수 있습니다.

　2층에는 전기실, 시설실, 수송 서비스실, 영상실 등이 있습니다. 전기실에는 철도의 전기, 신호, 통신의 역사와 원리를 다양한 전시물을 통해 살펴볼 수 있고, 시설실에서는 여러 종류의 레일, 선로 보수 장비 등을 통해 철길의 역사에 대해 이해할 수 있습니다. 수송 서비스실에서는 철도 제복, 각종 승차권 등이 전시되어 있으며, 영상실에서는 다양한 시청각 자료를 살펴보고 기차 VR 체험도 할 수 있습니다.

야외전시실에서는 실제 운행되었던 증기기관차, 디젤전기기관차, 주한 유엔군 사령관 전용 객차, 대통령이 타던 전용 열차(대통령 특별동차), 통일호, 비둘기호 등 다양한 열차들을 볼 수 있습니다. 철도해설사와 함께하는 "철도 이야기" 투어 프로그램이 평일 2회, 주말이나 공휴일은 4회 진행되고 있으므로 시간을 확인한 후 활용하면 좋습니다.

삼성화재교통박물관 외부

삼성화재교통박물관 내부

삼성화재교통박물관

위치: 경기 용인시 처인구 포곡읍 에버랜드로376번길 171
운영시간: 평일(9:00~17:00), 주말(10:00~18:00)
휴관일: 매주 월요일, 1월 1일, 설이나 추석 연휴 기간
연락처: 031-320-9900

삼성화재교통박물관

    삼성화재교통박물관은 오늘날 사람들이 가장 많이 이용하고 있는 교통수단인 자동차들이 다양하게 전시되어 있어 자동차의 역사에 대해 알아볼 수 있습니다. 전시장은 1층과 2층으로 이루어져 있는 실내전시장과 야외전시장이 있습니다.

1층 전시장은 코리안존, 스포츠존, 퍼블릭존, 프리미엄존, 모터사이클존, 복원존으로 구성되어 있습니다. 코리안존에는 한국 자동차의 발자취를 되짚어 보는 공간으로 역사적인 한국 자동차들이 전시되어 있습니다. 또한, 스포츠존에서는 다양한 스포츠카들을, 퍼블릭존에는 세계 각국의 베스트셀러인 국민차들을 볼 수 있습니다. 프리미엄존에는 세계 각국을 대표하는 초대형 고급차들이 전시되어 있고 모터사이클존에서는 모터사이클의 역사가 나타난 공간으로 다양한 모터사이클들을 볼 수 있습니다. 또한, 체험 나라 존을 두어 시동장치, 경적, 브레이크, 타이어, 휠 등 자동차 부품의 발전사를 알아보고 직접 체험을 통해 작동 원리를 이해할 수 있습니다. 그리고 인류의 운명을 바꿔 준 증기기관차와 디젤기관차 그리고 전기기관차, 다양한 배들이 모형으로 전시되어 있습니다.

2층 전시장은 클래식존과 소품존으로 구성되어 있는데 1920년대 전후 수공으로 제작된 클래식카들과 자동차와 관련된 액세서리들이 전시되어 있습니다.

야외에는 다양한 일하는 자동차와 세계 각국의 생활 속 자동차뿐만 아니라 실제 소금과 쌀을 운반하는 데 사용했던 증기기관차와 동아일보에서 취재용으로 사용했던 경비행기도 볼 수 있습니다.

또한, 매달 계절에 어울리는 클래식카를 시승해볼 수도 있는 프로그램과 박물관 담당자와 도슨트가 클래식카의 역사와 문화에 대해 재미있게 알려주는 해설프로그램이 하루 3번 시간별로 마련되어 있습니다.

전시장 옆에 있는 애니카 교통 나라에서는 다양한 교통표지판들을 살펴볼 수 있고, 버스 탈 때의 주의점과 자전거를 올바르게 타는 방법, 안전벨트를 착용하는 방법 등을 재미있게 소개하고 있어 초등저학년 아이들이 쉽게 교통안전과 규칙에 대해 이해하도록 도와줍니다.

우정박물관

위치: 충남 천안시 동남구 양지말1길 11-14 우정박물관
운영시간: 9:00~18:00
휴관일: 공휴일, 대체공휴일(2023년 3월 기준 박물관 내부사정으로 토요일 휴관)
연락처: 041-560-5900

우정박물관에서는 한국 최초의 우표를 비롯하여 한국의 우정(郵政: 우편에 관한 행정)에 관한 각종 역사적 자료와 세계 각국의 우표 및 우정·금융·정보통신 관련 자료들을 전시하고 있습니다. 박물관은 우정역사관(제1전시실), 우정문화관(제2전시실), 우편 테마공원으로 구성되어 있습니다.

우정역사관에서는 1884년 근대 우정의 시작부터 2000년 우정사업본부 출범 이후 오늘에 이르기까지 우리나라 우정을 소개하는 공간으로 다양한 전시품들을 통해 집배원 복장의 변화, 우표의 변화, 우체통의 변화와 같은 한국 우정의 변화 모습을 살펴볼 수 있습니다. 또한, 시대별 우정의 변화를 모형으로 전시하고 있어 아이들이 쉽게 이해할 수 있습니다.

우정문화관에서는 우편, 금융 등 실제 우체국 업무에서 사용되었던 다양한 유물들과 세계의 집배원 유니폼과 여러 나라의 우체통들을 전시하고 있습니다.

우편 테마공원에서는 우편열차와 세계 최대 규모를 자랑하는 밀레니엄 우체통이 있는데 편지쓰기 프로그램에 참여하여 직접 쓴 편지를 밀레니엄 우체통에 넣으면 원하는 주소지에서 받아볼 수 있습니다.

우정박물관과 함께 서울에 있는 우표박물관도 방문해 본다면 다양한 우표와 체험활동을 통해 우리나라 우정의 역사에 대해 알아볼 수 있어 도움이 됩니다.

우정박물관 내부

📚 같이 읽으면 좋은 책

『말 달리고 횃불 피우고 옛 교통과 통신』 이향숙 글/ 김이솔 그림/ 주니어RHK

이 책은 조선 시대 보부상인 아버지와 함께 한양에 가게 된 동이가 겪게 되는 이야기입니다. 옛날 평범한 사람들이 주로 이용하던 걷기, 배부터 양반들이 사용하던 말, 가마까지 동이가 보고, 듣고, 직접 경험한 교통수단들이 이야기 속에 자연스럽게 녹아들어 소개되어 있습니다. 또한, 봉수, 파발, 신호 연, 편지 등 소식을 전달하는 통신 수단들도 쉽게 풀어서 제시하고 있습니다. 이야기 중간에 '꼬마 보부상의 여행 일기'를 두어 앞부분에 등장한 교통, 통신 수단들을 보충하고 좀 더 자세하게 설명하여 학생들의 이해를 도와줍니다.

🔍 TIP 함께 나누면 좋을 이야기

- 옛날 사람들은 서울에서 부산까지 어떻게 갈 수 있었을까?
- 옛날 사람들은 전쟁이 나거나 급한 일이 있을 때 어떻게 소식을 전할 수 있었을까?
- 옛날 사람들은 교통, 통신 수단이 발달하지 않아서 불편한 점이 많았을 것 같아. 그래도 좋은 점이 있었다면 무엇일까?

- 흔히 이용하는 교통수단이 뭔지 떠올려 볼까? 주로 이용하는 교통수단의 좋은 점과 단점은 무엇일까?
- 미래에는 어떤 교통수단과 통신 수단이 등장할까? 그런 교통, 통신 수단들의 등장으로 우리 생활은 어떤 점이 달라질까?

☼ 부모님이 들려주면 좋을 이야기

옛 성에 가보면 봉수대가 남아 있는 것을 볼 수 있었을 거야. 봉수대는 연기나 불을 이용해서 신호를 보내는 통신 수단인 건 알고 있지? 그러면 구체적으로 어떻게 신호를 전달할 것 같아? 봉수는 갑자기 외적이 들어오거나 나라에 위급한 일이 생겼을 때 낮에는 연기를 피워서, 밤에는 횃불을 이용하여 신호를 보낸다고 해. 다섯 개의 굴뚝 중에서 아무 일 없이 평화로운 때에는 한 곳에만 불을 피우고 적이 멀리서 나타나면 두 개, 우리나라 가까이 오면 세 개, 국경을 넘어 쳐들어오면 네 개, 적과 전쟁을 하게 되면 다섯 개의 봉수를 피운다고 해. 멀리서도 연기를 잘 볼 수 있도록 나뭇가지 위에 동물 똥을 얹어 태우기도 했었대. 어때 신기하지? 만약 구름이 많이 끼거나 비바람이 불어서 연기로 신호를 전달할 수 없으면 봉수대를 지키는 봉졸이 직접 달려가서 보고하기도 했대. 또 적이 나타나거나 국경 가까이에 있는데 봉졸이 봉수를 올리지 않는다면 곤장을 맞거나 심하게는 사형에 처하기도 했대. 그 당시 봉졸은 중요한 역할을 했지만 그만큼 힘든 일이었을 것 같아.

3. 3학년 2학기 2단원 – 시대마다 다른 삶의 모습

✒ 교과서 분석

첫 번째 소단원에서는 옛날 사람들이 사용한 다양한 도구에 따른 생활 모습에 대해 살펴봅니다. 또한, 농사 도구와 음식과 옷을 만드는 도구의 변화로 달라진 사람들의 생활 모습에 대해서도 알아봅니다. 그리고 옛날부터 사람들이 사는 집의 모습이 어떻게 변했는지도 알아보고 집의 변화로 인해 달라진 사람들의 생활 모습에 대해서도 살펴봅니다. 두 번째 소단원에서는 세시풍속에 대해 알아보고 옛날의 다양한 세시풍속에 대해 살펴본 뒤, 오늘날과 비교해봅니다. 나아가 옛날부터 전해 내려오는 세시 풍속을 체험해봅니다.

✒ 체험장소

학생들은 옛날 사람들이 사용하던 생활 도구, 농기구, 옷을 만드는 도구들을 직접 본 적이 거의 없어서 낯설게 느껴질 수 있습니다. 따라서 옛날 사람들이 사용하던 도구와 도구를 사용하여 생활했던 모습들을 살펴볼 수 있는 국립민속박물관, 쌀박물관, 농업박물관, 짚풀생활사박물관 등을 방문하면 학습에 도움이 됩니다. 또한, 남산골한옥마을, 한국민속촌, 안동 하회마을, 전주 한옥마을, 경주 양동마을, 아산 외암마을에 가면 옛날 사람들이 살던 다양한 집과 생활 모습을 살펴볼 수 있어 학생들의 관련 학습에 대한 이해도를 높일 수 있습니다.

국립민속박물관

본관 위치: 서울 종로구 삼청로 37
운영시간: 3월~10월 월, 화, 목, 금, 일(9:00~18:00), 11월~2월(9:00~17:00), 3월~5월 수, 토(9:00~21:00), 6월~8월(9:00~19:00), 9월~12월(9:00~21:00), 1월~2월 (야간연장 미운영)
휴관일: 1월 1일, 설날 및 추석 당일
연락처: 02-3704-3114
파주관 위치: 경기도 파주시 탄현면 헤이리로 30 / 운영시간: 10:00~18:00
휴관일: 매주 월요일, 1월 1일, 설날과 추석 당일
연락처: 031-580-5800~1

국립민속박물관

국립민속박물관은 조선 시대 대표 궁궐인 경복궁 내에 위치 하는 생활사 박물관입니다. 3개의 테마로 나뉘어 한국의 민속문화를 소개하는 상설전시관과 시기마다 주제를 정하여 전시물을 전시하는 기획전시관으로 나누어져 있습니다.

국립민속박물관 내부

　상설전시관 중 1 전시관은 〈한국인의 하루〉라는 테마로 조선 후기 다양한 계층의 한국인이 이른 아침부터 늦은 밤까지 하루를 어떻게 보냈는지 살펴볼 수 있도록 구성되어 있습니다. 2전시관은 〈한국인의 일 년〉이라는 테마로 정월, 봄, 여름, 가을, 겨울 등 계절과 시간의 흐름에 따라 한국인의 생활 모습들을 살펴볼 수 있도록 다양한 유물들이 전시되어 있습니다. 학생들은 전시를 보면서 각 계절의 세시풍속들과 조상들의 모습을 이해할 수 있습니다. 3 전시관은 〈한국인의 일생〉이라는 테마로 조선 시대에서 현대까지 한국인이 태어나 죽을 때까지 겪게 되는 주요 과정을 다양한 유물들을 통해 이해하도록 꾸며져 있습니다. 야외에는 열두띠동상, 장승, 연자방아, 물레방앗간 등이 전시되어 있고 추억의 거리를 두어 1960~70년대의 근현대 우리나라의 모습도 살펴볼 수 있습니다.

　어린이박물관을 두어 아이들이 좋아하는 이야기를 테마로 체험하면서 옛날 사람들의 생활을 알 수 있도록 합니다. 또한, 어린이박물관에서는 아이들 연령에 따른 다양한 교육프로그램도 있으므로 미리 살펴보고 예약하여 참여하면 더욱 도움이 됩니다.

　국립민속박물관 파주는 국립민속박물관이 소장한 민속유물과 아카이브(자료보관소) 자료를 보관하고 활용하기 위한 개방형 수장고입니다. 관람자가 수장고 내부에 들어가서 유물을 볼 수 있는 열린 수장고와 외부 창을 통해서 수장고 안을 들여 다 볼 수 있는 보이는 수장고가 있습니다. 또한, 아카이브 자료를 이용한 영상, 체험 코너 등도 마련되어 있습니다. 사전에 홈페이지를 통해 관람을 예약한 뒤 방문하면 됩니다. 또한, 어린이 체험실은 나무, 금속, 도자, 종이, 섬유로 카테고리를 나눠 체험할 수 있도록 꾸며져 있는데 별도로 예약한 뒤 관람할 수 있습니다.

농업박물관&쌀박물관

위치: 서울 중구 새문안로 16 농협중앙회 중앙본부
운영시간: 3월~10월(9:30~18:00), 11월~2월(9:30~17:30)
휴관일: 매주 월요일, 1월 1일, 설날 및 추석 연휴, 법정 공휴일, 근로자의 날
연락처: 02-2080-5727

농업박물관,쌀박물관

농업박물관 내부

　농업박물관은 학생들이 우리나라 농업의 역사와 옛 농촌 생활에 관한 내용을 알아볼 수 있도록 구성되어 있습니다. 전시관은 농업역사관, 농업생활관, 농업홍보관의 세 개의 전시관으로 이루어져 있는데 농업역사관에서는 선사시대부터 근, 현대에 이르기까지 농업발달사를 시대순으로 전시하고 있어 한반도 농경의 시작과 농사 도구의 발달과정을 알아볼 수 있습니다. 또한, 농업생활관은 계절에 따른 옛날 농촌 들판의 풍경, 농가 주택, 전통 시장의 모습을 모형으로 꾸며놓아 농촌 사람들의 생활을 살펴볼 수 있습니다.
　농업홍보관에서는 농협의 역사와 사업을 소개하고 우리 농업의 우수성과 중요성을 알아볼 수 있도록 구성되어 있습니다. 특별전시관에서는 주제를 정해 전시를 하고 있으며 교육프로그램도 다양하게 마련하고 있어 미리 찾아보고 참여하면 좋습니다.
　농업박물관 바로 옆에 2층으로 이루어져 있는 쌀박물관도 있습니다. 1층에는 쌀 역사관과 쌀 사랑관을 두어 우리 삶에 쌀이 어떤 존재였는지, 시대에 따라 쌀 문화가 어떻게 변화해 왔는지 살펴볼 수 있습니다. 2층에는 스마트팜 체험관을 두어 아이들이 디지털을 통해 씨앗을 심고, 식물을 키워보고 농산물을 수확하는 등 체험해 볼 수 있도록 구성되어 있습니다.

쌀박물관 외부

쌀박물관 내부

농업박물관과 쌀박물관에서는 월별 연령에 따른 교육프로그램이 마련되어 있으며 시기별로 다양한 주제로 특별전시도 이루어지고 있으므로 확인 후 관람하도록 합니다.

한국민속촌

위치: 경기 용인시 기흥구 민속촌로 90 한국민속촌

운영시간: 평일(10:00~18:30), 4월~11월(주말, 공휴일 10:00~21:30)

연락처: 031-288-0000

* 운영시간은 계절과 날씨에 따라 유동적으로 변동이 있을 수 있음.

한국민속촌은 사라져 가는 우리 조상들의 전통 생활 모습을 재현하여 전시한 야외민속박물관입니다. 남쪽 제주도에서 북쪽 함경도까지 지역별 가옥들을 살펴보며 기후에 따른 집의 구조적 차이점을 알 수 있고 집뿐만 아니라 관아, 한의원, 시장 등 옛 마을에 있었던 다양한 기관들도 볼 수 있습니다. 또한, 공방 거리를 조성하여 조상들이 사용하던 생활용품과 이를 만드는 방법을 살펴볼 수 있습니다.

한국민속촌에서는 윷놀이, 그네뛰기와 같은 민속놀이와 전통 염색 방법을 이용한 손수건 염색하기를 체험할 수 있으며, 절구, 지게, 연자방아 등 다양한 생활 도구들을 활용하여 농촌의 전통 생활을 경험할 수 있습니다.

또한, 한국민속촌 안에는 전통민속관, 세계민속관, 옹기전시관의 세 개의 전시관이 있습니다. 전통민속관은 7개의 전시실로 구성되어 있으며 계절에 따른 세시풍속과 관혼상제, 옛 조상들의 의식주 생활, 민속놀이 등을 움직이는 인형과 모형, 옛 그림과 사진, 유물을 통해 소개하고 있습니다. 9개의 전시관으로 구성된 세계민속관은 세계 오대양 육대주에서 수집한 3,000여 점의 전시품들을 통해 여러 나라의 의식주 생활과 생업 기술들을 살펴볼 수 있습니다. 또한, 옹기전시관은 과거에 사용하였던 다양한 옹기들을 통해 과거 우리 조상들의 생활을 엿볼 수 있도록 합니다.

그리고 시기별로 다양한 공연과 각 시기에 맞는 월간 세시 풍속을 비롯한 체험형 프로그램이 마련되어 있어 아이들이 즐기며 과거 우리 조상들의 생활과 문화에 대해 익힐 수 있습니다.

남산골한옥마을

위치: 서울 중구 퇴계로34길 28 남산골한옥마을
운영시간: 4월~10월(09:00~21:00), 11월~3월(09:00~20:00)
휴관일: 매주 월요일
연락처: 02-6358-5533

　남산골한옥마을은 한옥 다섯 채와 전통 정원, 남산 국악당, 서울천년타임캡슐광장 등으로 구성되어 있습니다. 전통 정원은 훼손되었던 지형을 복원하여 전통 수종을 심고 계곡을 만들어 물이 자연스럽게 흐르게 하였으며 정자와 연못도 복원하여 꾸며놓았습니다. 전통 정원 옆에는 조선 시대 사대가부터 평민의 집까지 한옥 5채를 옮겨와 복원해 놓고 있어서 조선 시대의 주거 문화를 살펴보며 체험할 수 있습니다. 또한, 서울 남산국악단은 전통공연예술의 진흥과 국악의 우수성을 알리기 위해 건립되었으며, 시기별 다양한 공연을 열어 익숙하지 않은 전통음악에 대해서 경험할 수 있도록 합니다. 전통 정원 남쪽에는 서울 정도 600년을 기념하여 타임캡슐을 묻어둔 서울천년타임캡슐광장이 있습니다.

남산골한옥마을 내부

또한, 천연비누 만들기, 한옥 만들기, 활 만들기 등 다양한 전통체험프로그램과 교육프로그램도 마련되어 있으므로 홈페이지에 들어가서 예약한 뒤 참여할 수 있습니다.

📚 같이 읽으면 좋은 책

『모양도 쓸모도 제각각 조상들의 도구』이영민 글/ 서은정 그림/ 주니어RHK

이 책은 세상에 대한 호기심이 많은 장난꾸러기 하진이와 야무지고 똑똑한 수화와 함께 조선 시대 장터, 산, 집 등과 같은 장소들을 여행하면서 조상들이 사용한 도구들에 대해 알아보는 내용입니다. 교과서에 나와 있는 농사 도구, 음식과 옷을 만드는 도구 외에도 장사 도구, 장신구, 빨래 도구, 사냥도구, 짚으로 만든 도구 등 다양한 도구들이 소개되어 있습니다. 그리고 한 챕터가 마무리될 때마다 오늘날 도구와의 비교하는 부분을 넣어 학생들이 자연스럽게 오늘날의 도구와 연결하도록 있도록 합니다.

이 외에도 한옥에 대해 좀 더 깊은 정보를 담고 있는『자연이 고스란히 담긴 우리 한옥』(정민지 글, 주니어 RHK), 재미있는 이야기 속에 한옥에 대한 간단한 정보를 담고 있는『이선비, 한옥을 짓다』(세계로 글, 미래엔아이세움), 그림과 함께 재미있는 이야기를 읽으면서 설, 정월 대보름, 한식, 단오, 추석과 같은 우리나라 세시풍속에 대해 알 수 있는『신통방통 플러스 우리 명절』(김은의 글, 좋은책어린이)도 함께 읽어보면 도움이 됩니다.

> **TIP 함께 나누면 좋을 이야기**
>
> - 옛날에 우리 조상들은 농사지을 때 어떤 도구들을 사용했을까?
> - 옛날에 우리 조상들은 어떤 집에서 살았을까? 옛날의 집들이 지금 우리가 사는 아파트와 비교했을 때 좋은 점이 무엇이었을까?
> - 지금 우리나라의 대표적인 명절은 설날과 추석이 있지. 설날에 무엇을 했었는지, 추석은 어떻게 보내는지 한 번 떠올려 볼까?
> - 설날, 추석 말고 그동안 들어왔던 세시 풍속에는 어떤 것들이 있는지 혹시 알고 있니?
> - 옛날의 세시 풍속 중에 가장 재미있어 보이는 것이 무엇이고 그 이유는 뭐야?

☼ 부모님이 들려주면 좋을 이야기

설날은 음력 1월 1일로 한 해가 시작되는 첫날이며 우리나라의 가장 큰 명절 중 하나야. 우리는 설날에 떡국을 먹어야 한 살 더 먹는다고 하면서 항상 떡국을 먹어. 왜 떡국을 먹기 시작했고 떡국에 담긴 의미가 뭘까? 떡국을 하얗고 둥글고 기다란 '가래떡'으로 끓이는데 여기에 여러 가지 의미가 담겨 있어. 첫째, 가래떡의 흰색과 둥근 모양은 밝고 둥근 태양을 나타내. 그래서 흰 가래떡을 먹으면 한 해를 밝게 시작할 수 있다고 생각했대. 둘째 가래떡이 길고 가는 것은 식구들이 한 해 동안 건강하게, 또 오래 살기를 바라는 마음이 담긴 거야. 셋째, 떡국을 끓일 때는 가래떡을 납작하게 썰어. 그 모양이 마치 동전을 닮았는데 부자가 되기를 바라는 마음이 담긴 거래. 우리 조상들은 설날에 이런 의미를 담아 가래떡으로 만든 떡국을 끓여 먹으면서 한 해 가족의 건강과 복을 빌었던 거야.

1. 과학 교과 내용 분석

 3학년은 과학이라는 과목을 처음으로 배우게 되는데 아이들이 앞으로 과학이라는 교과에 흥미와 탐구심을 갖고 수업에 참여할 수 있도록 다양한 책을 읽고 관련 체험을 하면 좋습니다. 3학년 과학에서는 주변에서 쉽게 볼 수 있는 물질, 동물, 지구, 소리 등에 대한 주제를 다룹니다.
 1학기와 2학기 각 한 단원씩 물체를 만드는 재료인 물질에 관한 내용이 나와 있습니다. 1학기에는 금속, 플라스틱, 나무, 고무 등 여러 가지 물질의 성질에 대해 알아보고 이를 우리 생활에서 어떻게 이용하고 있는지 알아봅니다. 2학기에는 다양한 물질들을 고체, 액체, 기체 상태로 나누어 각 상태의 성질에 대해 알아봅니다. 이 단원들을 공부할 때, 학생들은 물질과 관련된 책을 읽고 주변에서 흔히 보던 물체들을 떠올리며 관련 개념을 적용하면 좋습니다. 지구에 대한 부분은 1학기 지구의 모습과 2학기 지표의 변화 단원에서 나옵니다. 1학기 지구의 모습 단원에서는 지구의 육지와 바다는 어떤 특징이 있는지, 지구의 공기는 어떤 역할을 하는지, 지구와 달 각각이 어떤 모습을 하고 있고 이들의 공통점과 차이점이 무엇인지 대해 알아봅니다. 2학기 지표의 변화 단원에서는 지표에서 볼 수 있는 흙은 어떻게 만들어지는지, 운동장 흙과 화단의 흙은 어떻게 다른지, 흐르는 물이 지표를 어떻게 변화시키는지, 강 주변과 바닷가 주변의 모습에서 어떤 특징이 있는지를 알아봅니다. 학생들이 이 단원들을 공부할 때, 4학년에서 좀 더 자세히 소개할 서대문자연사박물관 중 3층 지구환경관을 방문하면 도움이 될 것입니다. 또한, 바닷가나 강 주변 여행을 갈 때 흙과 돌, 땅의 생김새 등을 관심 가지고 살펴보면 좋습니다.

3학년 과학	1단원	2단원	3단원	4단원	5단원
1학기	과학자는 어떻게 탐구할까요?	물질의 성질	동물의 한살이	자석의 이용	지구의 모습
2학기	재미있는 나의 탐구	동물의 생활	지표의 변화	물질의 상태	소리의 성질

색상 표시한 1학기 3단원 동물의 한살이 단원과 2학기 2단원 동물의 생활 단원은 생물 중 동물과 관련된 부분으로 함께 묶어 학습하고 체험학습을 가면 좋습니다. 이 단원들의 세부 교과 내용과 체험학습 장소, 함께 읽으면 좋은 책들은 뒤쪽에 자세하게 제시해 두었습니다. 또한, 2학기 5단원 소리의 성질 단원은 흔히 접하는 소리에 숨겨진 과학적 원리와 성질에 대해 학습하는 부분인데 눈에 보이지 않기 때문에 학생들이 관련 개념들을 이해하기 어려워합니다. 따라서 학생들이 체험학습을 가서 직접 경험한다면 학습 내용을 이해하는데 좀 더 도움이 될 것입니다.

2. 3학년 1학기 3단원 동물의 한살이, 2학기 2단원 동물의 생활

📌 교과서 분석

1학기 동물의 한살이 단원에서는 먼저 동물의 암수의 생김새와 역할이 어떻게 다른지 알아봅니다. 또한, 배추흰나비 알이나 애벌레를 직접 기르면서 한살이를 알아보려면 미리 준비해야 할 것에 대해 생각해보고 직접 기르도록 준비합니다. 알에서 태어나 애벌레가 되었다가 번데기로 변한 뒤 어른 나비가 되는 과정을 관찰하며 배추흰나비 알과 애벌레의 특징과 번데기와 어른벌레의 특징에 대해 알아봅니다. 나아가 여러 곤충의 한살이에는 어떤 특징이 있는지 알아보고, 알을 낳는 동물의 한살이, 새끼를 낳는 동물의 한살이에 대해서도 알아봅니다. 마지막으로 학습한 내용을 바탕으로 여러 가지 동물의 한살이를 만화로 표현해봅니다.

2학기에는 주변에 있는 동물들을 살펴본 뒤 여러 가지 동물들의 공통점과 차이점을 찾아 기준에 따라 분류해봅니다. 그리고 땅 위와 땅속에는 어떤 동물들이 사는지 찾아보고 그 동물의 특징에 대해 알아봅니다. 또한, 사막과 물, 하늘에 사는 동물들을 찾아보고 그 동물들의 특징에 대해 생각해봅니다. 나아가 우리 생활에서 동물의 특징을 어떻게 활용하고 있는지 알아보고 동물의 특징을 활용하여 로봇을 직접 설계해봅니다.

이렇게 동물과 관련된 주제는 평소 관심을 가지고 좋아하는 학생들과 그렇지 않은 경우의 배경지식의 차이가 큽니다. 관심이 좀 적었던 친구들도 다양한 책들을 통해 미리 살펴보고 직접 체험학습장소에 방문해서 동물들에 대해 살펴본다면 수업 시간에 흥미를 갖고 적극적으로 참여할 수 있습니다.

이 단원에서는 곤충과 나비의 생태를 가까이에서 관찰할 수 있는 부천 자연생태공원, 서울숲의 곤충식물원과 나비 정원, 영동 곤충체험관, 아산 생태곤충원, 여주곤충박물관을 방문하면 도움이 됩니다. 또한, 환경에 따른 다양한 동물들을 살펴볼 수 있는 서천국립생태원, 국립생물자원관, 서울대공원동물원과 실내동물원들도 방문하면 좋습니다.

📌 체험장소

부천자연생태공원

위치: 경기도 부천시 오정구 길주로 660
운영시간: 3월~10월(9:30~18:00), 11월~2월(9:30~17:00)
휴관일: 매주 월요일, 1월 1일, 설날 및 추석 당일
연락처: 032-320-3000

부천자연생태공원은 부천식물원, 자연생태박물관, 부천 무릉도원수목원, 농경유물전시관으로 이루어진 도심 속 자연학습장입니다. 부천식물원은 재미있는 식물관, 수생식물관, 아열대식물관, 다육식물관, 자생식물관의 5개의 테마관과 2개의 식물체험관으로 구

성되어 있습니다. 특히 아열대식물관 안에 조성된 나비 정원에서는 단계별 나비 한살이 과정을 직접 체험, 관찰할 수 있고, 숲 해설가 선생님의 나비 해설도 함께 들을 수 있습니다. 자연생태박물관은 1층에 곤충류, 파충류, 양서류 등 살아있는 생물들을 관찰할 수 있는 생태체험관과 우리나라 민물고기가 전시된 하천생태관이 있어 땅이나 물에서 사는 동물들을 살펴볼 수 있습니다. 2층에 곤충의 화석과 표본, 개미와 꿀벌들을 전시하고 있는 곤충신비관과 공룡모형 및 화석이 전시된 공룡탐험관이 있습니다. 무릉도원수목원에는 생태연못과 돌 사이의 작은 꽃들을 볼 수 있는 암석원, 약초가 자라는 약용식물원, 하늘호수, 잠자리생태원 등이 있습니다. 농경유물전시관에는 우리나라 중부지방의 전통 초가집 형태와 생활상을 재현해 두었으며 180여 점의 농경 유물을 전시하고 있어 3학년 2학기 사회 2단원 시대마다 다른 삶의 모습 단원과 연관 지어 살펴보면 좋습니다. 또한, 다양한 주제로 초등학생들을 대상으로 한 체험 프로그램이 많이 있으므로 홈페이지에 들어가서 살펴보고 예약한 뒤 참여할 수 있습니다.

국립생물자원관 내부

국립생물자원관 외부

국립생물자원관

위치: 인천광역시 서구 환경로 42 국립생물자원관
운영시간: 9:30~17:30
휴관일: 매주 월요일, 1월 1일, 설날, 추석 전날 및 당일
연락처: 032-590-7000

국립생물자원관

　국립생물자원관은 크게 3개의 전시실과 곶자왈생태관, 어린이 체험실, 야외주제원으로 이루어져 있습니다. 1전시실에서는 한반도에 살고있는 다양한 생물을 '원생물 및 진균계', '식물계', '동물계 무척추동물', '동물계 척추동물', '멸종위기 야생생물과 한반도 고유 동식물'의 5계 무리로 구분하여 순서대로 전시하고 있습니다. 2전시

실에는 우리나라의 다양한 생물들이 실제 자연환경에서 어우러져 살아가는 모습을 실내에 재현해 놓았습니다. 학생들은 산림과 동굴, 하천, 갯벌, 해양으로 구분하여 생물표본을 사실적으로 살펴보면서 장소에 따른 다양한 동물들을 보고 특징을 알아볼 수 있습니다. 3전시실에서는 생물이 우리에게 주는 혜택과 생물자원의 가치를 체험할 수 있습니다. 생물의 소중함과 생물자원의 활용 방법에 대해 모형과 설명자료로 제시되어 있고 생물자원을 어떻게 수집하고 보관하는지와 관련하여 설명하고 있습니다. 곶자왈생태관에서는 제주도에서 볼 수 있는 다양한 난대성 식물들을 살펴볼 수 있습니다. 하루 4번 정해진 시간에 선착순으로 전시해설사의 해설을 들을 수 있으며 음성안내기를 통한 안내를 이용할 수 있습니다. 또한, 시기별로 다양한 주제로 기획전시가 마련되어 있으며, 다양한 체험프로그램이 있으므로 홈페이지에서 살펴본 뒤 예약하여 참여할 수 있습니다.

서천국립생태원 내부

서천국립생태원 외부

서천국립생태원

위치: 충남 서천군 마서면 금강로 1210 국립생태원
운영시간: 3~10월(9:30~18:00), 11~2월(9:30~17:00)
휴관일: 매주 월요일(월요일이 공휴일인 경우 첫 번째 평일 휴관)
연락처: 041-950-5300

서천국립생태원은 국내 최대의 생태연구 인력을 보유한 전문 연구기관으로 우리나라 생태계를 비롯해 열대, 사막, 지중해, 온대, 극지의 세계 5대 기후와 서식하고 있는 동물과 식물을 관찰하고 체험할 수 있는 곳입니다.

국립생태원은 크게 실내에 있는 에코리움과 야외 전시로 이루어져 있는데 에코리움은 열대관, 사막관, 지중해관, 온대관, 극지관으로 구성된 5대 기후관과 4D 입체영상관, 상설주제전시관으로 구성되어 있습니다. 열대관은 지구촌의 열대우림을 온실에 재현한 공간으로 열대 기후에서 서식하는 700여 종의 다양한 식물과 열대의 강과 바다에서 서식하는 어류와 양서류, 파충류를 만나볼 수 있습니다. 사막관은 척박한 사막 환경 속에서 살아가는 동식물을 전시한 공간으로 사막에 사는 다양한 동물과 식물들을 관찰할 수 있습니다.

서천국립생태원 – 사막관

지중해관은 지중해성 기후의 생태 환경을 재현한 공간으로 허브 식물, 올리브나무, 유칼립투스 등의 식물들과 다양한 양서류들을 관찰할 수 있습니다. 온대관은 사계절이 뚜렷한 한반도의 기후 환경과 생태계를 재현한 공간으로 난대, 온대 계곡, 산악 구역의 온대림으로 구성하고 다양한 식물과 양서류, 파충류를 전시하고 있습니다. 극지관은 한반도의 지붕 개마고원을 시작으로 침엽수림이 발달한 타이가 숲, 툰드라 지역을 살펴볼 수 있으며 극지방에 사는 동물들을 박제표본을 통해 만나볼 수 있습니다. 4D 영상관에서는 생태계의 순환과 외래종에 대한 경각심을 주는 내용으로 4D 애니메이션도 방영 중입니다. 상설주제전시관에서는 생태학의 기본 개념과 생태계의 정의, 생태자원 보존의 의미를 영상과 관련 자료를 통해 전시하고 있습니다.

야외는 금구리 구역, 에코리움 구역, 하다랄 구역, 고대륙 구역, 나저어 구역, 연구교육 구역으로 나누어져 습지와 물에 사는 다양한 동식물과 고산지역에 자생하는 식물, 사슴과 고라니 등을 관찰하고 체험할 수 있습니다.

또한, 방문자센터는 생태미디어체험관(미디리움), 전망대, 서천군 관광홍보관으로 구성되어 있는데, 생태미디어체험관(미디리움)은 생태와 관련된 주제들을 증강현실과 동작 인식과 같은 디지털 기술을 활용해 체험할 수 있도록 조성되어 있습니다.

연령별로 다양한 주제로 일일 생태체험프로그램이 진행 중이며 '5대 기후대관 속 탄소 중립 이야기', '개미탐험전'과 같은 주제로 생태해설프로그램도 마련되어 있으므로 확인 후 참여할 수 있습니다.

📚 같이 읽으면 좋은 책

『관찰하고 탐구하고 1. 동식물의 한살이』
프랑수아즈 드 기베르 외 글/ 마리옹 반덴부르케 외 그림/ 내인생의책

이 책은 연못, 숲, 들판, 정원, 바다로 동식물이 살아가는 장소를 나누고 각 장소에서 살아가는 대표적인 동식물 3종류의 한살이 과정을 그림과 함께 순서대로 설명하고 있습니다. 또한, 생물들이 살아남는 방법, 동식물이 짝을 구하는 방법, 알에서 어른이 될 때까지의 변화 등과 같이 평소 학생들이 궁금해하는 주제를 그림과 함께 설명하고 있습니다.

『세밀화로 보는 호랑나비 한살이』 권혁도 글·그림/ 길벗어린이

이 책은 글 밥이 많지 않은 그림책으로 봄에 날아다니는 호랑나비가 짝짓기하고 알을 낳는 것부터 시작해서 애벌레, 번데기를 거쳐 다시 나비가 되기까지의 한살이 과정을 자세하게 그린 세밀화와 함께 제시하고 있습니다. 호랑나비에 초점을 맞춰서 자세하게 설명하고 있지만 다양한 나비들의 애벌레, 번데기의 모습도 함께 보여주고 있습니다. 또한, 책의 끝부분에 '직접 기르며 쓴 관찰일기'를 두어 호랑나비의 성장 과정을 날짜별로 기록하고 있어, 학생들이 나비의 한살이를 생생하게 이해할 수 있도록 도와줍니다.

함께 나누면 좋을 이야기

- 동물의 암컷과 수컷 중에 더 화려한 것은 어떤 것일까? 그 이유는 무엇일까?
- 나비의 한살이 과정을 설명해줄래?
- 완전히 탈바꿈하는 곤충과 불완전 탈바꿈하는 곤충에 대해 예를 들어 이야기해볼까?
- 곤충들은 왜 탈바꿈을 하는 것 같아?
- 곤충들이 사는 기간은 얼마일까?
- 우리 주변에서 볼 수 있는 동물들을 기준에 따라 어떻게 나눌 수 있을까?
- 땅에 사는 동물들은 어떤 것들이 있고 어떤 특징이 있을까?
- 사막에 사는 동물들은 어떤 것들이 있고 어떤 특징이 있을까?
- 물에 사는 동물들은 어떤 것들이 있고 어떤 특징이 있을까?
- 날개는 있지만 날지 못하는 동물은 어떤 것들이 있고, 왜 그럴까?

✺ 부모님이 들려주면 좋을 이야기

    곤충은 사는 곳을 달리하면서 탈바꿈을 하는 경우가 많이 있지. 잠자리는 알과 애벌레일 때 물속에서 살다가 어른벌레가 되면서 땅 위로 올라오잖아. 이렇게 곤충이 사는 곳과 시간을 나누어 탈바꿈하는 것은 위험을 줄여 살아남기 위함이라고 해. 그래서 애벌레일 때는 먹이를 잘 먹어서 몸에 양분을 모으고 어른벌레가 되었을 때는 알을 낳고 애벌레를 키울 수 있는 곳을 찾아다니는 거래. 그럼 곤충들의 한살이 기간은 얼마나 될까? 알이 애벌레를 거쳐 번데기가 되거나 그대로 어른벌레가 되면 다시 알을 낳고 죽는데 이를 한살이 기간이라고 한단다. 보통 곤충들은 한살이 기간이 1년 정도라고 해. 그런데 한살이 기간은 곤충마다 다양해. 교과서에 나오는 배추흰나비는 한살이 기간이 30일인데 반해 매미는 알에서 애벌레인 유충이 깨어나고 애벌레는 나무뿌리 수액을 먹으면서 땅속에서 5~6년을 살다가 어른벌레가 되어 2주 정도 살다가 죽는다고 해. 그리고 하루살이는 어른 하루살이가 되어 하루나 삼일 정도밖에 못 살지만, 애벌레는 2년이나 산다고 한다. 사람들은 여름이 되면 흔히 매미 소리가 시끄럽다고 이야기 많이 하지. 그렇지만, 매미가 어른 매미가 되기 위해 땅속에서 머물렀던 시간을 생각하면 조금 참아줘야겠지?

3. 3학년 2학기 5단원 소리의 성질

📌 **교과서 분석**

　　3학년 2학기 5단원 소리의 성질 단원에서는 소리굽쇠를 이용한 실험을 통해 물체에서 소리가 날 때의 공통점에 대해 알아봅니다. 또한, 어떻게 하면 작은 소리나 큰 소리를 낼 수 있는지 생각하면서 소리의 세기에 대해 학습합니다. 소리의 높낮이에 대해 알아보고 우리 생활에서 높은 소리와 낮은 소리를 이용한 예를 찾아봅니다. 그리고 소리는 무엇을 통해 전달되는지 알아본 뒤 실을 이용해 소리를 전달하는 실 전화기를 만들어봅니다. 또한, 소리가 나아가다가 물체에 부딪혀 되돌아오는 성질인 소리의 반사에 대해 알아보고 주변에 있는 소음을 줄이는 방법에 대해 생각해봅니다. 마지막으로 친구들과 다양한 소리를 이용하여 인형극을 꾸미고 발표해보도록 합니다.

　　이 단원에서는 다양한 소리를 듣고, 소리의 성질과 세기, 높낮이에 대해 이해하고 소리가 나는 원리를 직접 체험을 통해 익힐 수 있는 소리체험박물관을 방문하면 도움이 됩니다. 또한, 전통 생활 속 소리와 전통악기에 대해 알아보고, 소리 나는 원리에 대해 체험할 수 있는 국립국악박물관을 방문하는 것도 좋습니다. 그리고 다양한 지역에 있는 과학관 내에 소리와 파동과 관련된 관을 방문하는 것도 도움이 됩니다.

📌 **체험장소**

소리체험박물관

위치: 인천 강화군 길상면 해안남로474번길 11
운영시간: 10:00~18:00, 주말과 여름방학(10:00~19:00)
휴관일: 월요일
연락처: 032-937-7154

소리체험박물관은 본관과 별관으로 이루어져 있는데 본관은 2개 층, 4개의 전시관으로 나누어져 있습니다. 1층에는 자연의 소리관, 소리과학관, 악기박물관이 있고 2층에는 축음기박물관이 있습니다. 자연의 소리관에서는 예전의 라디오방송국에서 사용하던 다양한 효과 악기들을 이용하여 하늘, 바다, 숲의 소리를 연주할 수 있습니다. 소리과학관에서는 토끼 귀와 나팔 입, 귀의 모양과 축음기, 호스 전화기, 숟가락 종, 소리굽쇠, 공명 실험 등을 활용하여 직접 실험하고 소리를 체험할 수 있습니다. 악기박물관에서는 봉고, 젬베, 발라폰, 실로폰, 우드블록 등 세계 여러 나라의 악기들을 직접 연주해볼 수 있습니다. 축음기박물관에서는 에디슨의 축음기부터 MP3까지, 벨의 전화기부터 핸드폰까지의 소리 전달의 발달사를 진품으로 볼 수 있습니다. 별관에는 만들기 교실이 있어 학생들이 기타, 에코 마이크, 곰돌이 오르골 등을 직접 만들면서 소리의 전달 방법과 관련된 과학적 지식을 이해할 수 있습니다.

소리체험박물관 내부

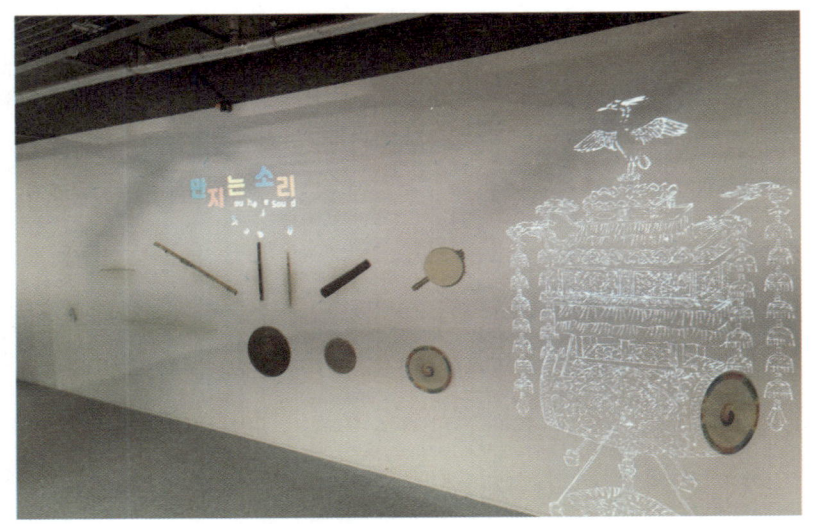

국립국악박물관

위치: 서울시 서초구 남부순환로 2364
운영시간: 10:00~17:50
휴관일: 월요일, 1월 1일
연락처: 02-580-3130

국립국악박물관은 국악뜰, 소리품, 악기실, 문헌실, 아카이브실, 명인실, 체험실로 이루어져 있습니다. 국악뜰에는 궁중 의례 편성 악기 중 가장 규모가 큰 악기들이 전시되어 있으며 영상을 통해 종묘제례악, 남도시나위 등의 연주를 보고 들을 수 있습니다. 소리뜰 에서는 여러 자연의 소리와 다듬이질 소리, 맷돌 가는 소리 등 옛 한국인의 생활 속 소리를 들을 수 있습니다.

　악기실에서는 예전에 사용하던 다양한 현악기, 관악기, 타악기들을 실제로 살펴볼 수 있습니다. 문헌실에서는 악보의 기록 방식과 악곡 양식들을 기록물을 통해 만나볼 수 있으며 아카이브실에서는 전통음악, 춤, 연희를 기록한 음향, 동영상 자료를 비롯하여 국내외에서 생산된 각종 국악 자료를 수집, 보존하고 있습니다. 명인실에서는 국악을 지키기 위해 노력했던 음악가들의 악기, 사진 등을 살펴볼 수 있으며 체험실에서는 물체의 두께, 길이에 따라 음높이가 어떻게 달라지는지 악기를 만드는 재료에 따라 음색이 어떻게 달라지는지 등 소리 나는 원리에 관한 다양한 궁금증을 직접 체험을 통해 해결할 수 있도록 구성되어 있습니다. 그리고 시기별로 주제를 정해 기획전시가 열리고 있으므로 홈페이지에 들어가서 미리 확인한 뒤 방문하면 좋습니다.

같이 읽으면 좋은 책

『공기를 타고 달리는 소리』 이재윤 글/ 우주로 그림/ 웅진주니어

이 책은 '쿵짝쿵짝 오케스트라'에서 멋진 연주를 하는 팀파니인 팀팀이가 소리 여행을 떠나면서 시작됩니다. 소리가 왜 만들어지는지, 사람은 어떻게 소리를 내는지, 높은 소리와 낮은 소리가 어떻게 생기는지 등의 궁금증을 팀팀이가 다양한 악기들을 예로 들면서 설명하고 있습니다. 또한, 큰 소리와 작은 소리가 생기는 이유, 물체마다 소리가 다른 이유도 그림과 함께 쉽게 풀어서 설명하고 있습니다. 그리고 소리가 전달되는 과정과 소리를 전달하는 물질, 소리의 속도, 반사와 흡수, 굴절에 대한 개념도 제시됩니다. 중간에 소리의 높낮이를 비교하고 소리의 굴절 방향 확인할 수 있는 간단한 실험이 나와 있어서 학생들이 실험을 통해 개념을 정확하게 이해할 수 있도록 합니다.

TIP 함께 나누면 좋을 이야기

- 우리가 목소리를 낼 때 목에 손을 대면 손에 어떤 느낌이 느껴질까?
- 소리가 나는 물체들은 어떤 공통점이 있는지 알아?
- 실로폰을 칠 때 높은 소리와 낮은 소리가 날 때 음판의 길이는 어떤 차이가 있을까?
- 공기가 없는 우주에서는 소리가 들리지 않을까?

- 공기, 물, 철 중에서 가장 빨리 소리를 전달하는 물질은 무엇일까?
- 높은 산에 올라가서 소리를 지르면 자신의 목소리가 다시 돌아오는 메아리를 들을 수 있지. 메아리는 왜 생기는 걸까?
- 요즘 아파트에서 층간소음이 문제가 되는 일이 많이 있어. 층간소음을 줄이기 위해서는 어떻게 할 수 있을까?

☼ 부모님이 들려주면 좋을 이야기

높은 산에 가서 소리를 지르면 다시 목소리가 돌아오는 경우가 있지? 이런 걸 메아리라고 하는데 메아리는 왜 생기는 걸까? 메아리는 소리가 나아가다가 물체에 부딪혀서 되돌아오는 성질인 소리의 반사와 관련되어 있단다. 산에서 "야호"라고 외친 소리가 주변 산에 부딪혀 반사되어 돌아오면서 다시 들리는 거야. 그럼 높은 산에서만 메아리를 들을 수 있을까? 체육관이나 빈방에도 사방이 단단한 벽과 천장으로 둘러싸여 있어 소리가 여러 번 반사되어 반사음이 들리기도 한단다. 그런데 가구가 많은 일반 집이나 교실에서는 소리가 벽뿐만 아니라 여러 물건에도 부딪혀서 반사되기 때문에 여러 방향으로 반사되어 소리가 흩어져 버린단다. 그래서 반사되는 소리가 거의 들리지 않아.

Chapter 6

자기 주도적 학습력이 필요한 4학년

4학년의 특징

4학년 아이들은 엄마에게 벗어나서 자기 스스로 어떤 일을 해결해 나가고자 하는 의지가 커지는 시기입니다. 또한, 3학년과 같은 학년 군으로 묶이며 과목과 수업시수는 같지만 3학년과 비교했을 때, 교과의 난도가 높아지고 학습량이 많아져서 아이들이 수업 내용을 이해하는 데 어려움을 겪기도 합니다. 이 시기의 아이들은 또래 집단을 형성하여 내 친구라는 울타리를 만들고 다른 친구들에게는 배타적인 태도를 보이기도 하고, 친구들 사이에 서로를 인정하는 과정에서 안정감을 느끼기도 합니다. 아이들에 따라 다르긴 하지만 사춘기가 시작되는 경우도 있습니다.

1. 사회 교과 내용 분석

　4학년 사회는 3학년 우리 고장에서 범위를 넓혀 우리 지역에 관한 내용으로 이루어져 있습니다. 구체적으로 살펴보면 1학기에는 지도, 우리 지역의 중심지와 문화유산, 역사적 인물, 공공 기관과 주민 참여의 내용이 소개되어 있습니다. 2학기에는 촌락과 도시, 필요한 것의 생산과 교환, 사회 변화와 다양한 문화와 관련된 내용이 다루어집니다.

4학년 사회	1단원	2단원	3단원
1학기	지역의 위치와 특성	우리가 알아보는 지역의 역사	지역의 공공 기관과 주민 참여
2학기	촌락과 도시의 생활 모습	필요한 것의 생산과 교환	사회 변화와 문화의 다양성

1학기는 거의 모든 내용이 지역화되어 있고 관련 장소를 답사하는 내용으로 이루어져 있습니다. 따라서 평소 우리 지역의 문화유산과 역사적 인물에 관심을 가지고, 학교에서 학습한 뒤 내용을 떠올리며 관련 장소들을 방문하여 체험해 본다면 새로운 개념과 내용을 어렵지 않게 학습하며 더 오래 기억할 수 있습니다.

2학기 첫 번째 단원에서는 촌락의 다양한 종류와 특징, 도시의 특징, 촌락과 도시의 문제점과 그 문제점을 해결하기 위한 내용이 나옵니다. 도시에 사는 친구들은 다양한 종류의 촌락에, 촌락에 사는 친구들은 자신이 사는 곳과 다른 촌락과 도시에 방문해서 사람들의 생활 모습, 주변 환경과 시설 등을 살펴보면 학습 내용을 이해하는 데 도움이 됩니다.

색상 표시한 1학기 1단원 지역의 위치와 특성 단원과 2학기 2단원 필요한 것의 생산과 교환 단원의 세부 교과 내용과 체험학습 장소, 함께 읽으면 좋은 책들은 뒤쪽에 자세하게 제시해 두었습니다.

2. 4학년 1학기 1단원 - 지역의 위치와 특성

📌 교과서 분석

지역의 위치와 특성 단원은 크게 지도로 본 우리 지역과 우리 지역의 중심지의 2개의 소단원으로 구성되어 있습니다.

첫 번째 소단원인 지도로 본 우리 지역에서는 위성사진과 지도에 대해 비교해 본 뒤 지도의 개념에 대해 학습합니다. 그 후 우리 지역을 나타낸 지도를 살펴보고, 지도에서 쓰인 방위표, 기호, 축척, 등고선에 대해 배우게 됩니다. 이렇게 지도의 전반적인 지식에 대해 학습한 뒤 우리 생활에서 지도를 어떻게 이용하고 있는지 살펴봅니다. 그 후 관광안내도를 보고 여행 계획 세우기를 통해 지도를 실생활에서 활용하는 방법으로 학습이 연결되도록 합니다.

두 번째 소단원인 우리 지역의 중심지에서는 지도를 보면서 사람들이 많이 모이는 곳을 찾아보고 중심지의 역할과 특징에 대해 알아봅니다. 또한, 다양한 중심지를 알아보고 지도에서 찾아보고 직접 우리 지역의 중심지를 답사해봅니다.

📌 체험장소

'지도'는 3차원의 공간을 2차원인 평면에 기호와 그림으로 간단하게 나타낸 것입니다. 우리 생활과 밀접하게 관련되어 있고 아이들이 평소 지도를 활용하는 모습들을 많이 봐왔지만, 지도에 대해 배우면서 방위, 기호, 축척, 등고선 등 다양한 관련 개념들을 새롭게 접하다 보니 헷갈리고 어려워하는 경우가 많습니다. 따라서 지도와 관련된 국토지리정보원 지도박물관과 경희대학교 혜정박물관과 같은 체험장소에 방문하고 연관된 책들도 읽어보며 부모님과 함께 이야기를 나누어 보면 정서적으로, 학습적으로도 도움이 될 것입니다. 또한, 3층 높이의 건물 한 벽면을 차지할 정도로 큰 '대동여지도'와 '혼일강리역대국도지도'를 볼 수 있는 서울대학교 규장각이나 '동국지도', '천하도', '수선전도'를 실제로 볼 수 있는 성신대학교 박물관을 방문한다면 지도와 관련된 배경지식을 높일 수 있을 것입니다.

지도박물관 외부

국토지리정보원 지도박물관

위치: 경기 수원시 영통구 월드컵로 92
운영시간: 평일(10:00~17:00), 점심시간(12~13시)
휴관일: 주말, 공휴일, 신정, 설연휴, 추석연휴
연락처: 031-210-2667

국토지리정보원에서 운영하는 지도박물관은 국내 유일의 지도박물관입니다. 이곳에서는 지리 정보의 변천 과정 및 지도 제작과 관련된 유물, 자료를 전시하고 있습니다. 전시뿐만 아니라 지도, 측량, 지리정보시스템 등 다양한 견학 프로그램까지 운영하고 있어 아이들이 지리를 직접 체험하기에 적합합니다.

크게 야외와 실내전시장으로 구분되는데 실내전시장은 제1관 중앙홀, 제2관 역사관, 제3관 현대관으로 구성되어 있습니다. 제1관 중앙홀에는 대형 한반도 지도와 대동여지도가 있습니다. 제2관 역사관에서는 지도의 변천사 과정을 살펴볼 수 있는데, 지도의 기원, 김정호의 대동여지도를 비롯한 각종 고지도, 국토지리정보원이 제작한 현대 지도에 이르기까지 국내 지도 발달과정과 세계지도의 변천사를 한눈에 볼 수 있습니다. 제3관 현대관에서는 지도를 활용한 여러 가지 과학 기술을 체험할 수 있습니다. 지도 제작 체험, GIS(Geographic Information System)와 생활, 홍보영상물 등이 있습니다. 또한, 자율주행 자동차 체험프로그램이 있는데 아이들은 이를 통해 정밀도로 지도를 실감 나게 체험할 수 있습니다.

지도박물관 외부 전시

야외전시장에는 김정호 선생의 동상이 있그, 세계의 위치 기준인 그리니치 천문대로부터 우리나라 위치의 기준을 설치한 경위도 원점, GPS 관측시설, 각종 측량 시설 모형 등이 전시되어 있습니다.

경희대학교 혜정박물관 내부

경희대학교 혜정박물관

위치: 경기 용인시 기흥구 덕영대로 1732 경희대학교 국제캠퍼스 중앙도서관 4층
운영시간: 평일(10:00~16:00)
휴관일: 주말, 공휴일
연락처: 031-201-2011~4

경희대 혜정박물관

혜정박물관은 우리나라에서 최초로 설립된 최대 규모의 고지도 전문 대학박물관으로서 12세기에서 20세기에 이르기까지 동서양에서 제작된 고지도와 지도첩을 비롯한 고지도 관련 사료 및 문헌 등을 소장하고 있습니다.

혜정박물관은 테마에 따라 4개의 전시실로 구성되어 있는데, 제1전시실에서는 앞으로 만나게 될 고지도들에 대한 개념과 고지도를 보는 방법, 고지도가 제작된 과정 등을 소개하고 있습니다. 제2전시실은 서양인들이 남긴 자료를 통해 낯선 문명과의 충돌 속에서 변화를 거듭한 이 땅의 이야기를 들려주고 있습니다. 우리나라에 귀화한 최초의 서양인 박연과 하멜표류기의 주인공 하멜의 이야기도 영상물과 함께 볼 수 있습니다. 제3전시실은 우리나라의 땅과 바다가 고지도에는 어떻게 반영되어 있는지를 보여주는 전시 공간입니다. 고지도에서 동해가 어떻게 표기되어 있는지 살펴보면서 동해에 올바른 명칭과 어떤 과정을 거쳐 지금의 동해에 이르게 되었는지 생각해볼 수 있습니다. 또한, 고지도에 그려진 제주도, 울릉도, 독도의 모습을 살펴봄으로써 제주도와 울릉도, 독도의 역사에 대해서도 생각해볼 수 있습니다. 어린이 전시실에서는 고지도에 관한 이야기를 아이들의 눈높이에서 체험을 통해 알아갈 수 있습니다. 지도의 역사와 발전과정, 지도의 제작 과정, 다양한 지도의 모습 등을 여러 가지 체험을 통해 살펴보도록 합니다. 또한, 단체, 개인별로 1년에 한 번 정도 지도 관련 교육프로그램이 있어서 홈페이지에 들어가서 확인해 본 뒤 참여하면 더욱 지도에 관심을 가질 수 있습니다.

📚 같이 읽으면 좋은 책

『종이 한 장에 담은 넓은 세상, 지도』 대동역사기행 글/ 유남영 그림/ 주니어김영사

지도를 만나러 가기 전 미리 알아두면 좋을 내용인 지도의 역사, 지도에 담긴 여러 가지 정보들과 약속, 지도의 종류에 대해 나와 있습니다. 지도에 대해 체험할 수 있는 장소인 국토지리정보원의 지도박물관과 경희대학교 혜정박물관에 대해 간략하게 제시되어 있고, 체험학습을 마친 뒤 할 수 있는 퀴즈와 활동이 소개되어 있어, 체험학습 전·후로 활용할 수 있습니다.

『이곳저곳 우리 동네 지도 대장 나기호가 간다!』 김평 글/ 정지윤 그림/ 가나출판사

이 책은 친구들이나 선생님, 모르는 사람들 앞에서 알고 있는 정답도 말하지 못하는 수줍음 많은 나기호가 주인공입니다. 어느 날 기호는 하교하는 길에 지도가 그려진 종이를 내밀며 딩동댕 빌라로 가는 길을 물어보는 할아버지를 만납니다. 할아버지 앞에서도 입이 안 떨어져 길을 알려주지 못하고 있었는데 누나를 만나 직접 지도를 보며 딩동댕 빌라로 가는 길을 가르쳐 줍니다. 할아버지는 딩동댕 빌라로 처음 이사 왔다는 걸 이야기하며 기호와 누나에게 감사의 쪽지를 전해 줍니다. 기호는 집도 잘 찾지 못하는 할아버지가 낯선 우리 동네에 적응할 수 있을까 걱정이 되어서 우리 동네 지도를 할아버지께 그려 주어야겠다는 생각을 합니다. 기호가 지도를 그리면서 필요한 다양한 개념들을 이야기 형식에 담아 자연스럽게 소개합니다. 지도란 무엇이고, 옛날 지도는 어떻게 그렸는지, 방위, 기호, 축척, 등고선, 위도, 경도 등의 개념들이 이야기 속에 알기 쉽게 풀어서 설명되어 있습니다.

그 외에도 우리나라 대표적 지리학자 김정호와 관련된 위인전들도 같이 찾아 읽는다면 조선 시대의 상황과 지도가 만들어진 배경, 우리가 지금 편하게 사용하는 지도의 소중함과 중요성에 대해 이해하면서 이 단원을 좀 더 적극적으로 공부하게 되며 학습에도 도움이 될 것입니다.

함께 나누면 좋을 이야기

- 지도를 이용하면 좋은 점은 어떤 것들이 있을까?
- 왜 김정호 선생님은 지도를 만들었을까?
- 주변에서 언제 지도를 봤어?
- 지도에서 어떤 정보들을 찾을 수 있을까?
- 지도에 사용된 방위표를 본 적 있니?
- 지도에서 사용된 기호는 어떤 것들이 있으며, 기호가 뜻하는 것은 무엇일까?
- 지도에서 높고 낮음을 표시하기 위해 사용한 방법은 뭘까?
- 혹시 만들고 싶은 지도가 있을까? 있다면 어떤 지도이고 어떻게 만들고 싶을까?

☼ 부모님이 들려주면 좋을 이야기

- 조선 시대 최고의 지리학자 김정호의 죽음에 대하여

　위인전들을 살펴보면 김정호가 언제, 왜 죽었는지 나와 있지 않아. 1866년쯤 돌아가셨을 것이라는 추측만 나와 있는데 대체 왜 돌아가셨으며, 왜 기록에 남아 있지 않을까? 그래서 어떤 사람들은 김정호가 지도를 만들어 나라의 중요한 기밀을 다른 나라에 알려 죄를 지었다는 누명을 쓰고 감옥에서 죽었고 그때 김정호가 만든 대동여지도 나무판도 모두 불태워버렸다고 이야기하는 사람들도 있어. 그런데 1995년에 대동여지도의 목판 11장이 국립 중앙 박물관에 보관되어 있음이 확인되어서 이 주장은 사실이 아니라고 밝혀졌어. 따라서 김정호는 대원군이 죽인 게 아니라 지도를 만드느라 수십 년 고생한 끝에 병으로 죽었다는 것이 맞을 거야.

3. 4학년 2학기 2단원 - 필요한 것의 생산과 교환

★ 교과서 분석

첫 번째 소단원은 필요한 것의 생산과 교환으로 먼저 경제 활동의 개념과 경제 활동을 할 때 선택의 문제가 일어나는 이유에 대해 생각해봅니다. 현명한 선택이란 무엇이며 현명한 선택이 왜 필요한지 알아본 뒤, 현명한 선택을 하는 방법을 알고 주어진 상황에서 현명하게 선택하는 연습을 해봅니다. 또한, 생산과 소비의 개념에 대해 알아보고 다양한 생산의 종류와 물건이 우리에게 오기까지 다양한 생산의 과정을 거침을 이해합니다. 그리고 생활 속에서 현명한 소비 생활을 하기 위한 방법을 알아봅니다.

두 번째 소단원은 교류하며 발전하는 우리 지역으로 우리 주변에 있는 상품이 어디에서 왔는지 조사해 보고, 경제적 교류의 의미와 이가 생기는 까닭에 대해 알아봅니다. 또한, 우리 지역의 다양한 경제적 교류에 대해 찾아보고 여러 지역의 대표 상품에 대해서도 알아봅니다.

★ 체험장소

'경제 활동'이란 사람들이 생활하는 데 필요한 여러 가지 것들을 만들고 사용하는 것과 관련된 모든 활동을 의미하는 것으로 실생활과 밀접하게 관련되어 있으며 학생들도 필요한 물건들을 사면서 다양한 경제 활동을 하고 있습니다. 하지만 현명한 선택, 희소성, 생산과 소비, 경제적 교류와 같은 경제용어들이 나오다 보니 아이들이 어려워하기도 합니다. 따라서 한국은행 화폐박물관, 한국조폐공사 화폐박물관과 같은 장소를 방문하고 관련 책도 읽고, 생활과 관련된 대화도 나누어 본다면 아이들이 재미있게 공부할 수 있습니다.

한국은행 화폐박물관 내부

한국은행 화폐박물관

위치: 서울 중구 남대문로 39 한국은행
운영시간: 10:00~17:00(관람 전 사전 예약 필수)
휴관일: 월요일, 공휴일, 설·추석연휴, 선거일, 12월 29일~ 다음해 1월 2일
연락처: 02-759-4114

　한국은행 화폐박물관은 다양한 전시물들을 통해 화폐와 그것이 모여 작용하는 금융에 대한 정보를 알려주는 곳으로 1층, 2층으로 이루어져 있습니다.
　1층은 우리의 중앙은행, 화폐의 일생, 돈과 나라의 경제, 화폐 광장, 상평통보갤러리로 구성되어 있습니다. 우리의 중앙은행에서는 중앙은행의 탄생과 변천에 대해 볼 수 있고 중앙은행이 하는 일, 우리의 중앙은행인 한국은행이 만들어진 시기와 기능에 대해 제시되어 있습니다. 그리고 화폐의 일생에서는 주화를 만드는 작업을 볼 수 있고 화폐가 어떻게 제조되고 발행되는지 소개하고 있습니다. 또한, 화폐 위, 변조를 방지를 위한 다양한 노력과 각 화폐의 기본 도안과 디자인에 대한 설명이 나와 있습니다. 돈과 나라의 경제에서는 우리 경제의 발전상과 다양한 경제용어들과 관련된 내용이 소개되어 있습니다. 화폐 광장에서는 화폐박물관이 선정한 세계화폐 20선과 우리 화폐 20선이 소개되어 있습니다. 그리고 우리의 다양한 고대 화폐와 화폐 단위들의 변천과 북한의 화폐에 대해서드 제시되어 있습니다. 상평통보갤러리에서는 조선 시대에 사용된 상평통보와 관련된 재미있는 이야기들과 다양한 상평통보를 소개하고 있습니다.

한국은행 화폐박물관 내부

한국은행 화폐박물관 내부

　2층에는 모형 금고, 세계의 화폐실, 체험학습실, 한은갤러리가 있습니다. 모형 금고에는 모형으로 만든 화폐를 통해 화폐를 옮기는 기기, 화폐의 무게 등을 체험할 수 있습니다. 세계의 화폐실에서는 세계화폐들의 모양과 크기를 비교할 수 있고, 다양한 화폐에 나타나 있는 문화유적들도 소개되어 있습니다. 체험학습실에서는 체험을 통해 세계 다양한 화폐를 살펴보고 화폐 속에 자신의 얼굴을 넣어 화폐를 만들어 보는 체험도 해볼 수 있습니다.
　또한, 화폐박물관에서는 주말에 화폐문화강좌, 경제강좌, 체험강좌가 열리고 있으며 어린이박물관 교실 또한 방학 기간 중 운영하고 있으므로 미리 확인하여 참여하면 좋습니다.
　화폐박물관 방문을 통해 다양한 화폐들을 접해 보면서 세상에는 이렇게 많은 종류의 돈들이 있고 이 돈이 돌고 돌면서 이루어지는 경제는 인간이 살아가는 데 꼭 필요한 활동이라는 것을 아이들이 이해하도록 합니다.

화폐박물관

위치: 대전광역시 유성구 과학로 80-67 한국조폐공사 기술연구소(화폐박물관)
운영시간: 10:00~17:00
휴관일: 매주 월요일, 1월 1일, 설추석연휴, 정부지정 임시공휴일
연락처: 042-870-1200

한국조폐공사 화폐박물관에서는 매일 우리가 사용하는 돈은 어디서 어떻게 만들어지는지, 돈에 대한 다양한 궁금증을 해결할 수 있는 박물관으로 2층에 거쳐 4개의 상설전시실이 있습니다.

제1전시실은 주화역사관으로 돈이 생겨난 역사적 배경과 세계 각국 주화의 역사와 다양한 기념주화가 전시되어 있습니다. 제2전시실은 지폐역사관으로 우리나라 지폐의 변화에 대해 전시되어 있고 다양한 나라의 지폐들에 대해서도 살펴볼 수 있습니다. 제3전시실은 위조방지홍보관으로 우리나라 지폐에 숨겨져 있는 다양한 위조 방지 요소에 대해 5만 원권 모형을 통해 살펴볼 수 있습니다. 제4전시실은 특수제품관으로 위조 방지 기술을 적용한 여권, 신분증, 훈장, 메달 등을 전시합니다. 1층 전시실 옆에 체험 코너가 있는데 압인기를 이용하여 동전을 만들어 보는 체험과 화폐 주인공이 되어 보는 스티커사진기도 있습니다.

또한, 화폐박물관에서는 연령에 따라 주제를 정해 학예사와 함께하는 교육 체험 프로그램이 진행되므로 홈페이지에서 확인 후 참여하면 좋습니다.

📚 같이 읽으면 좋은 책

『알뜰살뜰! 우리집 경제 대장 나백원이 간다!』 박민선 글/ 김민준 그림/ 가나출판사

이 책은 주인공인 나백원이 엄마가 사서 오라고 했던 알림장을 사지 않고 갖고 싶었던 파워 카드를 사는 것으로부터 시작됩니다. 이야기 중간에 갖고 싶은 것을 모두 살 수 없는 이유, 물건을 제대로 사는 방법, 물건이 우리 손으로 오기까지의 과정을 그림과 함께 설명하고 있습니다. 백원이는 엄마에게 용돈과 용돈 기입장을 받게 됩니다. 백원이가 사고 싶은 물건이 생기고 그 물건을 사는 방법을 생각하면서 다양한 경제 개념에 대해 배우게 됩니다. 물건의 가격이 어떻게 결정되는지 같은 물건이라도 유통과정에 따라 가격이 다를 수 있다는 것, 용돈을 잘 모으기 위해 계획 세우고 용돈을 나누는 방법까지 이야기와 함께 제시되어 있습니다.

『경제의 핏줄, 화폐』 김성호 글/ 성연 그림/ 미래아이

이 책은 사회 4학년 2학기 2단원과도 관련 있지만, 일부 내용은 4학년 1학기 국어가, 3단원 '느낌을 살려 말해요' 단원에 지문으로 실려있습니다. 돈이란 무엇인지, 돈이 생긴 이유, 최초의 동전에 관한 이야기부터 지폐가 만들어진 이유와 돈의 발행과 신용에 관한 내용을 어렵지 않게 풀어서 설명하고 있습니다. 나아가 자본주의가 탄생하게 된 배경과 공산주의의 등장과 관련된 내용, 이자와 환율, 미래의 화폐를 소개하고 있습니다. 4학년 학생들이 이해하기 어려운 경제용어들도 담고 있지만, 학생들은 이 책을 통해 화폐와 관련된 다양한 경제적 이론들을 이해할 수 있습니다.

그 외에도 『수상한 돈돈농장과 삼겹살 가격의 비밀』(서해경·이소영 글, 키큰도토리), 『오메 돈 벌자고?』(박효미 글, 창비)와 같은 간단한 경제 개념이 담긴 이야기책들도 있습니다. 재미있게 읽으면서 경제 개념에 대해 생각해볼 수 있어서 이 책들을 통해 어려운 경제 개념들에 좀 더 쉽게 접근할 수 있습니다.

> **TIP**
> ### 함께 나누면 좋을 이야기
>
> - 우리가 물건을 살 때 선택을 해야 하는 이유는 뭘까?
> - 만약 갖고 싶은 물건이 여러 개고 가진 돈은 그 물건들을 다 살 수 없을 때, 어떻게 살 물건을 결정할 것인가?
> - 우리 주변에서 볼 수 있는 생산활동은 어떤 것들이 있을까?
> - 소비활동은 무엇이며, 어떤 것들이 있을까?
> - 현명한 소비활동을 하기 위해서 어떻게 해야 할까? 내가 실천할 수 있는 것을 이야기해 보자.
> - 돈을 만드는 데 필요한 돈은 얼마일까?
> - 같은 과자인데 20년 전과 왜 가격이 다를까?

☼ 부모님이 들려주면 좋을 이야기

　10원짜리 동전을 본 적이 있지? 옛날 10원이랑 비교하면 지금의 10원은 크기도 작아지고 가벼워졌지? 왜 바뀌었을까? 옛날 10원은 만드는데 구리 88%, 아연 12%가 들어갔는데 구릿값이 오르면서 1개의 동전을 만드는데 30원 이상이 들었다고 해. 따라서 크기를 작게 하고 구리 성분도 줄이고 아연 대신 알루미늄을 사용하면서 1개당 제작비를 20원으로 줄일 수 있었다고 해. 이렇게 만드는 비용을 줄였지만 10원짜리 동전이 실제 더 많은 돈을 들여 만들고 있다는 거야. 신기하지! 10원이라고 무시하지 말고 동전을 좀 더 소중하게 생각해야겠지?

4학년 과학

1. 과학 교과 내용 분석

4학년 과학은 3학년과 마찬가지로 물질, 에너지, 생명, 지구의 영역으로 구성되어 있습니다.

4학년 과학	1단원	2단원	3단원	4단원	5단원
1학기	과학자처럼 탐구해 볼까요?	지층과 화석	식물의 한살이	물체의 무게	혼합물의 분리
2학기	식물의 생활	물의 상태 변화	그림자와 거울	화산과 지진	물의 여행

생물 중 식물에 대한 내용이 나와 있는데 구체적으로 살펴보면 1학기에는 식물이 싹이 트고, 자라고 다시 씨를 맺어 한 세대를 이어가는 과정인 식물의 한살이를 강낭콩을 키우면서 관찰하도록 제시되어 있습니다. 교과서에 나와 있는 강낭콩 외에도 한살이 기간이 짧고 잎, 줄기, 꽃, 열매 등을 관찰하기 쉬운 식물인 봉숭아, 나팔꽃, 토마토 등을 직접 키워보면서 관찰한다면 학습에 도움이 될 것입니다. 2학기 식물의 생활에서는 들이나 산, 강이나 연못, 사막에 사는 식물과 그 식물의 특징에 대해 알아보도록 합니다. 평소 주변 길가나 공원, 강가에서 볼 수 있는 다양한 식물들의 잎의 모양과 특징을 관심을 가지고 자세히 살펴보면 학습에 도움이 됩니다. 또한, 사막을 비롯한 다양한 환경에 사는 식물들을 직접 보고 싶으면 서천 국립생태관을 방문해 보면 좋습니다.

색상 표시한 1학기 2단원 지층과 화석 단원과 2학기 4단원 화산과 지진 단원은 지구의 생성, 변화와 관련된 부분으로 함께 묶어 학습하고 체험학습을 가면 좋습니다. 이 단원들의 세부 교과 내용과 체험학습 장소, 함께 읽으면 좋은 책들은 뒤쪽에 자세하게 제시해 두었습니다. 또한, 2학기 물의 상태변화와 물의 여행 단원은 물과 관련된 단원으로 함께 학습하고 체험학습을 가면 도움이 됩니다.

2. 4학년 1학기 2단원 지층과 화석, 2학기 4단원 화산과 지진

📌 교과서 분석

　1학기 지층과 화석 단원에서는 자갈, 모래, 진흙 등으로 이루어진 암석들이 층을 이루고 있는 것을 지층으로 한다는 개념에 대해 학습하고 다양한 사진들을 통해 여러 모양의 지층을 관찰해봅니다. 그리고 지층 모형을 만들어 보면서 지층이 어떻게 만들어지는지 알아보고 지층을 이루는 다양한 암석들, 퇴적암에 대해 배웁니다. 모래, 종이컵, 풀 등 간단한 재료를 이용하여 퇴적암 모형을 만들어 보고 퇴적암이 만들어지는 과정에 대해 이해하도록 합니다. 다양한 화석들을 관찰한 뒤 화석이 어떻게 만들어지는지 학습합니다. 마지막으로 화석의 모습을 이용하여 생물의 모습과 그 당시의 환경에 대해 알아보는 방법에 대해 알아본 뒤 화석의 다양한 이용에 대해 학습합니다.

　2학기 화산과 지진 단원에서는 마그마가 분출하여 생긴 지형이라는 화산의 개념에 대해 학습하고 우리나라와 세계 여러 지역에 있는 다양한 화산들에 대해 관찰한 뒤 화산의 특징에 대해 이해하도록 합니다. 그리고 마시멜로를 이용한 화산 분출 모형실험을 한 뒤 화산활동으로 나오는 물질 즉, 화산분출물에는 어떤 것들이 있는지 학습합니다. 또한, 마그마의 활동으로 만들어진 암석, 화성암(현무암, 화강암)에 대해 배운 뒤 화산활동이 우리 생활에 미치는 다양한 피해와 이로운 점들에 대해 학습합니다. 이어서 땅이 흔들리면서 끊어지는 지진이 발생하는 까닭에 대해 알아보고 다양한 영상자료를 통해 최근 발생한 지진 피해 사례에 대해 정리합니다. 지진이 발생했을 때의 대처 방법에 대해 알아보고 지진에 안전한 건물 모형에 대해 생각해 본 뒤 지진에 안전한 건물 모형 만들어 보기 활동을 해봅니다.

✈ 체험장소

다양한 화석 표본들과 암석들이 있는 대전지질박물관과 서대문 자연사박물관, 강화 자연사박물관, 고성 공룡박물관, 해남 공룡박물관, 파주 공룡박물관, 시흥 창조자연사박물관, 미호박물관에 방문하면 전시된 암석과 화석을 통해 그 당시의 생활 모습과 환경에 대해 유추할 수 있습니다. 또한, 전라북도 부안에 있는 채석강에 방문한다면 지층의 특징인 층리를 관찰할 수 있고 파도와 조류의 침식, 풍화작용으로 생긴 해식동굴도 볼 수 있습니다.

수원에 있는 경기도융합과학교육관 과학전시관에 가면 지진의 규모를 체험할 수 있고 내진 설치를 한 건물 모형을 살펴볼 수 있습니다. 또한, 각 지질시대와 그 시대에 살았던 생물 화석들이 전시되어 직접 만져보고 눈으로 관찰하면서 암석들을 분류할 수 있습니다. 그리고 다양한 지역에 있는 과학관 내에 자연사관과 지진체험을 할 수 있는 관을 방문하는 것도 도움이 됩니다.

대전지질박물관

위치: 대전광역시 유성구 과학로 124 한국지질자원연구원
운영시간: 10:00~17:00
휴관일: 월요일, 법정 공휴일 다음날, 1월 1일, 설날과 추석 연휴, 근로자의 날, 임시공휴일
연락처: 042-868-3798

대전지질박물관은 중앙홀과 제1 전시관, 제2 전시관, 야외 전시관으로 구성되어 있습니다. 중앙홀에는 한반도를 중심으로 해저지형을 정밀하게 재현한 지름 7m의 초대형 지구본과 트리케라톱스, 티라노사우루스, 데이노케이루스, 드로마에오사우루스 등 다양한 공룡들의 복제표본들이 전시되어 있습니다. 제1 전시관에는 지구의

개관, 화석과 진화, 지질탐사의 세 가지 주제로 구성되어 있습니다. 수많은 고대 동, 식물들의 화석 표본들이 있어 생물의 진화를 한눈에 살펴볼 수 있습니다. 그리고 지질탐사는 어떻게 이루어지고 석유를 추출하는 모습과 화석을 찾는 모습도 모형으로 살펴볼 수 있습니다. 제1 전시관 옆에는 지질과학탐험실이 있는데 동작 감지로 영상을 조작할 수 있는 체험공간과 가상 화석 발굴 체험공간이 마련되어 있습니다. 제2 전시관에는 암석의 세계, 지질, 암석 구조, 광물, 광물과 인간 생활을 주제로 전시되어 있습니다. 지각을 구성하는 다양한 암석의 종류, 지질의 구조와 운석, 아름다운 색깔과 독특한 형태의 광물, 보석 광물, 형광 광물 등이 전시되어 있습니다. 제2 전시관 옆에는 지질과학 교육실이 있어 국내외 광물 표본을 육안으로, 또 현미경을 통해 관찰해볼 수 있습니다. 야외 전시관에는 고생대 화석, 광물, 암석들이 전시되어 있습니다.

대전지질박물관 내부

서대문자연사박물관

위치: 서울시 서대문구 연희로32길 51

운영시간: 3월~10월(평일 9:00~18:00), 주말, 공휴일 (9:00~19:00) / 11월~2월(평일9:00~17:00), 주말, 공휴일(9:00~18:00)

휴관일: 매주 월요일, 1월 1일, 설날, 추석 당일

연락처: 02-330-8899

 서대문자연사박물관은 자연을 체험하고 자연의 역사를 익힐 수 있는 종합 자연사 박물관이다. 모두 3층으로 구성되어 있는데 관람은 중앙홀을 둘러본 후 3층 지구 환경관, 2층 생명 진화관, 1층 인간과 자연관의 순서로 하면 됩니다. 중앙홀에는 아크로칸토사우루스, 향고래, 프테라노돈, 투푹수아라, 크시팍티누스, 파키리조두스 등 거대한 공룡모형들이 전시되어 있습니다. 3층 지구환경관에서는 지구의 탄생부터 현재에 이르는 과정까지 전시되어 있으며 지구의 탄생을 입체영화로 관람할 수 있습니다. 특수 영상을 통해 지구의 내부가 어떻게 생겼는지 살펴볼 수 있는 공간도 있습니다. 2층 생명 진화관에서는 지구에 생명체가 나타났을 때부터 고생대의 삼엽충, 중생대의 공룡, 신생대의 포유류, 인류에 이르기까지 생명의 진화과정에 대해 전시되어 있습니다. 또한, 현재 지구에 살고있는 다양한 육상 생물(포유류, 조류, 양서류, 파충류, 곤충)과 해양 생물 등을 관찰할 수 있습니다. 1층 인간과 자연관에서는 환경보호의 중요성을 일깨우는 공간으로 인간의 무책임한 행동으로 파괴되고 있는 자연, 산과 강, 바다가 오염되면 인간에게 어떤 영향을 가져올지 알아봅니다. 또한, 사라져가는 생명, 민물고기, 한강의 중요성, 다양한 곤충, 한국의 멸종위기의 야생식물과 식물의 진화에 나와 있습니다.

그 외에 기획전시와 특별전시는 수시로 변경되기 때문에 방문 전 홈페이지에서 일정을 미리 확인하고 방문하면 좋습니다. 또한, 유치부, 초등학생들을 대상으로 자연현상의 원리를 쉽게 이해할 수 있도록 자연사 배움 교실, 과학강연, 가족과 함께하는 달 보기, 자연사 체험 등 다양한 프로그램들이 진행되고 있어 미리 알아보고 활용하도록 합니다.

📚 같이 읽으면 좋은 책

『스미스가 들려주는 지층 이야기』 김정률 글/ 자음과모음

이 책은 영국의 지질학자 스미스가 학생들에게 수업하는 것처럼 지층에 관하여 알려주는 책입니다. 지층은 어떻게 형성되었으며, 지층을 이루는 암석이 무엇이고, 지층이 만들어진 순서에 관한 내용을 그림과 함께 알기 쉽게 풀어서 소개하고 있습니다. 또한, 지질시대란 무엇이며 지질 조사와 지층에서 얻을 수 있는 여러 가지 자원에 관한 내용도 담고 있어 아이들이 수업 시간에 배우는 지층과 화석에 대한 개념을 확장 시킬 수 있도록 도와줍니다. 설명 중간에 '과학자의 비밀 노트'를 두어 새롭게 나오는 개념들을 정리하고 한 주제가 마무리될 때 관련 내용을 담고 있는 만화를 두어 아이들의 이해를 도와줍니다.

『부글부글 땅속의 비밀 화산과 지진』 함석진, 신현정 글/ 이경국 그림/ 웅진주니어

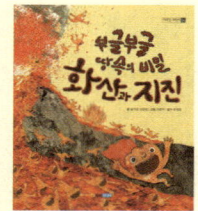

이 책은 마그마 '매그'와 함께 지구여행을 다니면서 이야기 형식으로 지진이 일어나는 이유, 지진의 세기, 화산폭발의 종류, 화산분출물 등 관련 개념에 대해서 담아냈습니다. 이야기 중간에 집에서도 할 수 있는 개념과 관련된 간단한 실험들이 소개되어 있고 재미있는 삽화들이 제시되어 있어 아이들의 이해를 돕습니다. 또한, 지진과 화산이 우리 생활에 주는 다양한 이로운 점들과 피해를 줄이기 위해 관심을 가지고 연구하는 방법에 대해서도 제시하고 있어서 학생들에게 지진과 화산을 무서운 자연재해라고만 여기지 않고 함께 살아가는 방법들을 생각해보도록 합니다.

📚 같이 읽으면 좋은 책

『별똥별 아줌마가 들려주는 화산 이야기』 이지유 글/ 창비

이 책은 저자가 하와이에서 1년 동안 살면서 직접 관찰하고 경험한 화산에 관한 이야기를 과학적 지식과 함께 풀어낸 책입니다. 저자가 킬라우에아 화산을 찾아가서 둘러보면서 화산과 관련된 전설, 지식을 실제 촬영한 사진과 함께 소개하고 있습니다. 또한, 화산이 생기는 이유, 화산이 터지는 원리, 화산은 어디에 있고 왜 그곳에 생기는가에 관한 이야기들을 관련 그림들과 함께 설명하고 있습니다. 그리고 화산폭발이 인간의 역사에 어떤 영향을 주었는지, 화산 주변에 사는 생물들의 이야기, 화산 주변에서 살아가는 사람들에 관한 이야기를 담아 학생들이 화산과 함께 살아가야 함을 이해할 수 있도록 합니다. 그리고 화산의 원리를 이해할 수 있는 실험 활동과 만들기 자료들을 담고 있어 아이들이 실제 실험을 해 보면서 더 쉽게 화산과 관련 개념들을 알 수 있습니다.

『오늘도 흔들흔들 지진 연구소』 김남길 글/ 이리 그림/ 풀과바람

이 책은 지구의 탄생과 지구 내부 구조에 대해서 알려주며 지진의 원리에 대해 그림과 함께 풀어서 제시하고 있습니다. 또한, 지진의 규모와 진도, 그에 따른 피해 정도를 표와 그림을 이용하여 설명하고 있고 지진 피해를 막는 방법들을 소개하고 있습니다. 그리고 우리나라의 주요 지진 발생 사례를 제시하여 학생들이 우리나라도 더 이상 지진의 안전지대가 아님을 알고 관심을 가지도록 합니다. 마지막에 지진과 관련된 상식 퀴즈를 두어 학생들이 풀면서 관련 개념들을 정리하도록 합니다.

그 외에도 『부글부글 끓다가 펑 터진 화산』(프랑수아즈 로앙 글, 개암나무), 『흔들흔들 뒤흔드는 지진』(미셸 프란체스코니 글, 개암나무)와 같이 그림과 함께 화산과 지진에 대해 간단한 개념을 설명한 그림책을 읽어보는 것도 학습에 도움이 됩니다. 또한 『화산이 들썩들썩! 백두산이 폭발한다면?』(최영준 글, 살림어린이)을 읽어본다면 아이들이 궁금해하는 백두산의 현재 상태와 만약 백두산이 폭발할 때 일어날 수 있는 일에 대해 알아보고 미리 대비하는 방법에 대해서도 생각해볼 수 있습니다. 『뱀이 하품할 때 지진이 난다고?』(유다정 글, 씨드북)를 읽어보면 지진이 일어나는 까닭에 대해 다양한 의견과 함께 과학적인 지식을 쉽게 얻을 수 있습니다.

> **TIP 함께 나누면 좋을 이야기**
> - 공룡은 인류가 생기기 전에 모두 멸종했는데 어떻게 공룡의 종류와 형태를 요즘 사람들이 알 수 있는 걸까?
> - 우리가 석유와 석탄을 화석연료라고 하지? 석유와 석탄은 어떻게 생긴 걸까?
> - 주변에서 지층을 본 적이 있는가?
> - 지층을 이루는 암석은 어떤 것들이 있을까? 각 암석의 특징에 대해 말해보자.
> - 퇴적암은 어떤 과정으로 만들어지는 것일까?

- 화석은 어떻게 만들어지는 걸까?
- 옛날에 살던 동물이나 식물 중에 화석으로 남아 있는 것들의 공통된 특징은 무엇일까?
- 화산폭발과 지진은 왜 발생하는 걸까?
- 화산활동으로 나오는 물질들은 어떤 것들이 있을까?
- 화성암은 어떻게 만들어지는 걸까? 화성암의 종류로는 어떤 것이 있는지 말해보자.
- 우리가 갈라진 땅에 살고 땅이 조금씩 움직이고 있다는데 느끼지 못하는 까닭은 뭘까?
- 지진과 화산은 우리에게 피해만 주는 것일까? 좋은 점들은 어떤 것들이 있을까?

✲ 부모님이 들려주면 좋을 이야기

교과서에서 호박 속에 들어 있는 곤충 화석을 봤니? 이때 호박은 우리가 먹는 호박이 아니라 나무에서 나오는 끈적끈적한 송진이 굳어서 단단한 것을 말한다고 해. 이렇게 호박 속에 갇힌 생물도 화석이라고 할 수 있어. 나무에서 끈적끈적한 송진이 흘러내려 나무에 있던 벌이 송진 속에 빠져 죽게 되고 이가 시간이 지나면서 단단하게 굳어 호박이 된단다. 이렇게 벌은 호박 속에 갇혀 화석이 되는 거란다.

요즈음은 과학자들이 미리 꾸준히 연구하고 살펴보고 있기 때문에 지진과 화산이 발생하기 전에 미리 알고 대피하기도 한다고 해. 그런데 화산과 지진이 발생하기 전에 동물들을 잘 관찰해도 미리 알 수 있다고 한단다. 사람들보다 동물들은 감각이 뛰어나기 때문에 여러 이상 행동들을 하는데 지진이 발생하기 전에는 흔히 보이던 비둘기나 까마귀가 사라진 다던지 새장 속의 새들이 밖으로 나가려고 푸드덕 거린데. 또한, 깊은 물에 살던 물고기가 얕은 곳에서 발견된다든지 평소보다 훨씬 많은 물고기가 수면에서 떼를 지어 다니고 겨울에 뱀이나 개구리가 나타나기도 한다더구나. 실제로 2004년 인도양으로 쓰나미가 닥치기 전에 관광 코끼리들은 바닷가로 향하기를 거부하고 관광객들을 태운 채 높은 지대로 계속 도망쳤다고 해.

3. 4학년 2학기 2단원 물의 상태변화, 5단원 물의 여행

✈ 교과서 분석

4학년 2학기 2단원 물의 상태변화 단원에서는 물의 고체, 액체, 기체 세 가지 상태에 대해 알아보고 물이 얼거나 얼음이 녹으면 부피와 무게가 어떻게 되는지 실험을 통해 관찰해봅니다. 과일을 말리면 그 안에 있던 물이 어떻게 된 것인지 관찰해보면서 물이 표면에서 기체인 수증기로 상태가 변하는 현상인 증발에 대해 알아봅니다. 또한, 냉장실에서 꺼내 놓은 주스에 얼음을 넣은 뒤 컵 표면에서 일어나는 변화를 관찰한 뒤 기체인 수증기가 액체인 물로 상태가 변하는 응결에 대해 알아봅니다. 이어서 다양한 사진과 자료 조사를 통해 우리 생활에서 물의 상태변화를 어떻게 이용할 수 있는지 알아봅니다. 마지막으로 액체인 물이 기체인 수증기로 변하는 현상을 이용하여 가습기를 만들어봅니다.

4학년 2학기 5단원 물의 여행 단원에서는 물방울의 여행 이야기를 통해 물이 어떻게 이동하는지 알아봅니다. 물이 상태가 변하면서 육지, 바다, 공기 중, 생명체 등 여러 곳을 끊임없이 돌고 도는데 이러한 과정을 물의 순환이라고 하며 물은 순환 하지만 지구 전체의 물의 양은 변하지 않는다는 것을 물의 순환 실험 장치를 통해 이해합니다. 또한, 생활에서 물을 이용하는 다양한 경우들을 살펴본 뒤 물의 이동 과정이 나타나도록 역할 놀이를 하면서 물의 이동 과정을 다시 확인합니다. 이어서 지구 상에서 일어나는 물 부족 현상에 대해 알아보고 물 부족 현상을 해결할 방법을 함께 생각해봅니다. 마지막으로 물이 부족한 상황에서 이용할 수 있는 물 모으는 장치에 대해 알아보고 물의 순환을 이용하여 물 모으는 장치를 직접 설계해 보도록 합니다.

체험장소

이 단원들과 관련하여 서울수도박물관과 서울하수도과학관, 김해수도박물관, 부천 물 박물관, 소양강댐 물문화관, 제주 물사랑 홍보관을 방문하면 물의 다양한 상태변화와 물의 이동과 순환에 대해 체험을 통해 이해하고 생활과 관련지어 물의 소중함을 느낄 수 있습니다.

서울수도박물관

위치: 서울 성동구 왕십리로 27
운영시간: 9:00~18:00(주중, 주말 동일)
휴관일: 월요일, 1월 1일, 설날, 추석 당일
연락처: 02-3146-5921

　수도박물관은 물과 환경 전시관, 본관, 별관, 완속 여과지로 나누어져 있습니다.
　물과 환경 전시관은 자연환경과 인간 생활에 있어 중요한 역할을 하는 물에 관한 다양한 이야기를 소개하고 있습니다. 먼저 한강을 따라 서식하는 동식물들과 물의 순환과정을 이해할 수 있도록 영상과 그림이 함께 제시되어 있습니다. 또한, 사람의 몸에 얼마나 많은 수분이 필요한지에 대한 설명과 함께 수분 측정기도 있어서 손바닥을 대면 몸속에 있는 수분을 측정할 수 있습니다. 그리고 실생활에서 물이 어떻게 쓰이는지 그림을 통해 설명하고, 우리가 생활하면서 실제 사용되는 물의 양을 페트병을 통해 보여주고 있습니다. 또 물이 어떻게 정수되어 집까지 오는지 알기 쉽게 그림과 함께 설명되어 있습니다. 마지막으로 수질을 오염시키는 원인에 대한 자료들도 있어 평소 생활을 돌아볼 수 있습니다.

서울수도박물관 외부

서울수도박물관 완속 여과지 모형

본관에는 대한민국 근대 상수도 역사의 출발지인 뚝도 수원지 제 1 정수장과 관련된 이야기와 관련 유물들이 전시되어 있습니다. 서울의 상수도 100년의 역사가 영상과 함께 제시되어 있고, 예전 정수시설에 사용했던 펌프들과 상수도 기기들이 전시되어 있으며, 완속 여과지 모형도 있습니다.

완속 여과지란 고운 입자인 모래층에 물을 천천히 통과시켜서 불순물을 걸러내는 정수시설을 말하는데 본관을 나가면 실제로 볼 수 있습니다. 별관에는 매년 새로운 내용의 기획전시가 열리고 있습니다. 현재(2023년 4월)는 '1908년 뚝섬에 세워지다', '한강수 아리수로 거듭나다', '급수난에 시달렸던 서울', '아리수를 지키는 사람들'을 테마로 전시 공간이 꾸며져 있습니다. 상수도의 역사를 좀 더 서민들의 생활과 연관되어 살펴볼 수 있도록 다양한 전시물들이 전시되어 있습니다.

야외에서는 두레박을 이용하여 물 길어보기, 작두 펌프 직접 작동시켜보기 등 체험을 할 수 있으며, 1920년대부터 최근까지 수돗물을 생산하고 공급하기 위해 사용되었던 각종 상수도관과 기계류들이 전시되어 있습니다.

서울하수도과학관

위치: 서울 성동구 자동차시장3길 64
운영시간: 9:00~17:00
휴관일: 월요일, 1월 1일, 설날, 추석 당일
연락처: 02-2211-2540

　서울하수도과학관은 우리가 사용한 물이 어떻게 깨끗하게 되는지에 대한 과학적 원리를 체험하여 알 수 있도록 전시되어 있으며 1층 전시관, 2층 어린이 전시실로 이루어져 있습니다.

　1층 전시실에는 먼저 우리나라 하수처리의 역사에 관해 소개되어 있습니다. 백제 때 사용하던 상하 수도관으로 추정되는 토관이 전시되어 있으며 버튼을 누르면 반짝이는 불빛이 들어와서 지하에서 하수가 흐르는 경로를 알 수 있습니다. 또한, 하수처리 과정이 모형과 영상을 통해 설명되어 있습니다. 하수처리를 통해 인(P) 자원의 회수와 다양한 재생에너지를 모으는 과정들을 또한 모형으로 전시되어 있습니다.

서울하수도과학관 1층 전시관

서울하수도과학관 2층 전시관

2층 어린이 전시실은 '하수도야, 고마워!'라는 테마로 어린이들이 체험하면서 물이 깨끗해지는 과정을 익힐 수 있도록 도와줍니다. 7개의 탐험 활동 코스가 마련되어 있는데 탐험 활동1 '돌고 도는 물'에서는 물의 여행 과정을 레일을 따라 물방울을 이동시키며 살펴볼 수 있습니다. 탐험 활동2 '하수야, 어디가?'에서는 하수를 처리하기 위해 아이들이 직접 관을 연결한 다음 공을 통과시켜서 하수가 이동하는 과정을 경험할 수 있습니다. 탐험 활동 3, 4, 5 '하수가 깨끗해지려면?'에서는 물재생센터에서 크고 작은 쓰레기를 물리적으로 걸러주는 처리 과정을 기둥을 통과하면서 따라 해볼 수 있습니다. 또한, 작은 미생물들이 하수 속에 찌꺼기를 먹거나 분해해서 더러운 물질을 줄여가는 과정을 보여주고 꿈틀거리는 미생물을 현미경으로 관찰해볼 수 있습니다. 또한, 미생물이 활발하게 분해 활동을 하려면 산소가 필요한데 발로 펌프를 짜서 미생물에게 산소를 공급해주는 활동도 할 수 있습니다. 탐험 활동 6 '하수야, 어디가?'에서는 깨끗해진 물이 우리 집으로 다시 돌아오는 과정을 영상으로 관람할 수 있습니다. 탐험 활동 7 '하수도야 놀자'에서는 6단계의 하수 탐험 활동을 통해서 배운 내용이 세 가지의 게임으로 구성되어 있어 아이들이 재미있게 체험할 수 있습니다.

또한, 매일 2회 전시 해설 프로그램과 1회 심화 해설 프로그램이 있으며, 매달 어린이들을 대상으로 한 연령별 다양한 교육프로그램도 운영하고 있으므로 홈페이지를 방문하여 예약 후 참여할 수 있습니다.

김해수도박물관

위치: 경남 김해시 한림면 김해대로 1347번지

운영시간: 9:00~18:00

휴관일: 월요일(공휴일에는 개관, 다음 첫 번째 평일에 휴관, 1월 1일, 설날, 추석 당일 휴관)

연락처: 055-330-6710

김해수도박물관은 전시물과 체험활동을 통해 김해 수돗물의 가치와 역사, 그리고 물의 소중함을 시민들에게 알려주는 곳으로 1층 홍보관, 2층 박물관, 야외로 이루어져 있습니다.

1층 홍보관에서는 김해시 수돗물 이름 '찬새미'에 대한 설명과 캐릭터가 소개되어 있습니다. 그리고 '물은 어디에서 올까요?' 코너에서는 그림을 통해 물의 순환을 이해하도록 제시되어 있습니다. 중간에 음향 시스템이 갖추어져 있어서 아이들이 버튼을 누르며 계곡 소리, 빗소리, 펌프질 소리 등 다양한 소리를 들을 수 있어 좀 더 생생하게 살펴볼 수 있습니다. 또한, 우리 몸속의 물의 양을 측정할 수 있는 측정기가 있으며 '수돗물을 어떻게 사용해야 할까요?' 코너에서는 가정집 모형을 만들어 놓고 실제 생활에서 물을 절약할 방법을 소개하고 있습니다. 이어서 찬새미와 함께 하는 수리와 방울이의 모험 영상을 통해 우리 집에 수돗물이 들어오는 모든 과정을 소개하고 있습니다.

2층 박물관에서는 우리 조상들이 물을 어떻게 관리하며 사용하였는지를 알아볼 수 있는 공간으로 꾸며져 있습니다. 수도가 없었

던 옛날에 물을 나르는 물장수의 모습과 수돗물이 생기게 된 과정이 소개되어 있습니다. 야외에는 두레박을 이용하여 물을 길어 올리는 우물과 펌프질로 물을 끌어 올리는 시설이 있어 예전의 물 사용 방법을 아이들이 체험할 수 있습니다.

📚 같이 읽으면 좋은 책

『물에서 생명이 태어났어요』 게리 베일리 글/ 율리야 소미나 그림/ 매직사이언스

이 책은 물이 어디에서 와서 어디로 가는지, 물에서 태어난 최초의 생명체는 무엇인지, 돌고 도는 물의 여행을 흥미진진하게 풀어 놓습니다. 또한, 물이 있는 호수, 강, 바다와 물길을 건너는 배, 바다 탐험하는 사람들, 강과 바다에 사는 생물들, 물속에 산다는 요정과 괴물까지 물에 대한 모든 궁금증과 관련 이야기들을 담고 있습니다.

『물발자국 이야기』 이수정 글/ 권석란 그림/ 가교출판

이 책은 제목에서 알 수 있듯이 우리가 생활 속에서 마시고 씻는 것에 사용한 물, 음식이나 제품, 서비스를 만드는 데 쓰이는 모든 물의 양을 의미하는 물발자국에 관련된 이야기입니다. 물 부족으로 힘들어하는 세계의 여러 나라(인도, 중국, 케냐, 탄자니아, 인도네시아, 미국, 볼리비아 등)에 사는 사람들의 다양한 이야기들이 생생하게 담겨 있습니다. 학생들은 이야기를 읽으면서 우리가 무분별하게 사용했던 물의 소중함과 물 절약의 중요성에 대해 한 번 더 생각해볼 수 있습니다.

🔍 TIP 함께 나누면 좋을 이야기

- 우리가 매일 마시는 물은 어디로 가는 걸까?
- 물이 얼거나 얼음이 녹으면 부피와 무게는 어떻게 되는지 예를 들어 말해보자.
- 드라이기로 머리를 말릴 때, 머리에 있던 물기가 다 없어지는데 어디로 가는 걸까?
- 물을 담은 병을 냉동실에 얼린 후 먹으려고 꺼내면 병 표면에 물이 생기는데, 이 물은 어디에서 왔을까?
- 우리 생활에서 물의 상태변화를 이용하는 예를 3가지만 찾아서 말해보자.
- 우리가 사용한 물은 다 어디로 버려지는 걸까?
- 우리 생활 속에서 물을 절약하는 방법에는 어떤 것들이 있을까?

☼ 부모님이 들려주면 좋을 이야기

가끔 수돗물에서 약품 냄새가 나는 경우가 있는데 혹시 맡아본 적 있니? 그럼 수돗물에서 약품 냄새는 왜 나는 걸까? 사용한 수돗물을 정화할 때 물속에 있는 세균을 없애기 위해 염소를 넣어서 그렇대. 염소 소독은 경제적이며 물에 계속 남아 있어 소독 효과가 지속된다는 점에서 흔히 사용한다고 해. 염소 소독으로 인해 나는 약품 냄새는 끓이면 없어지고 끓여서 마시면 아무 문제가 없다고 하니깐 안심해도 된단다. 그 외에 물을 소독하는 방법으로는 오존과 자외선을 이용할 수 있는데 이런 방법들은 살균력이 뛰어나고 냄새도 나지 않지만, 비용이 너무 비싸다는 단점이 있대. 또한, 소독 효과가 염소에 비해 오래 지속되지는 않는다고 해.

혹시 주전자에 물을 끓일 때 주변에 하얀 김이 생기는 걸 본 적 있어? 이 김은 액체일까? 기체일까? 김은 수증기라고 생각해서 기체라고 생각하는 사람들이 많아. 그런데 김은 수증기가 아니라 액체 상태의 작은 물방울이래. 수증기가 공기 중으로 나오면 상대적으로 차가운 바깥 공기에 닿아 아주 작은 물방울로 변하는데 이게 바로 김이야. 따뜻한 우리 몸에서 나오는 공기가 차가운 바깥공기와 만나서 응결되면서 하얗게 보이는데 이를 입김이라고 하지. 따라서 추운 겨울에 많이 보이는 입김도 바로 액체 상태의 물이라고 할 수 있단다.

에필로그

    아들 둘인 엄마, 제가 한 번도 상상해보지 못한 미래 모습이었습니다.

    여중, 여고와 거의 여대에 가까운 비율을 가진 교대를 다녔으며, 친한 남자친구도 거의 없었던 저는 남자들의 특징과 습성을 잘 몰랐습니다. 그래서 저는 솔직히 결혼 전, 교실에서 천방지축에 활동적이고 에너지 넘치는 남자아이들보다 차분하고 얌전한 여자아이들을 지도하기가 훨씬 더 편하고 좋았습니다. 교직 5년 차에 맡았던 반에는 남자아이와 여자아이의 비율이 2:1 정도였는데 종일 시끌시끌 에너지 넘치는 교실이어서 수업을 마치고 나면 녹초가 되어 너무 힘들었던 기억도 있습니다.

    그랬던 제가 아들만 둘 키우는 엄마가 되었습니다. 아이를 키우면서 한 번도 관심 가져본 적 없는 공룡 이름을 줄줄 외우게 되었고, 로봇 장난감을 조립하는 기술과 방법들도 알게 되었습니다. 또 자꾸 몸으로 노는 아이들을 집에서 놀게 둘 수 없어 주말에 도망치듯, 아이들과 함께 갈만한 곳을 찾았습니다. 아이들을 위한 나들이

였지만, 사실 그 시간 속에서 아이들과 함께 나눈 이야기와 아이들의 행복한 눈빛에 저는 다시 일상을 살아갈 에너지를 얻었습니다.

　이렇게 아이의 관심사를 따라 여행을 다니다가 아이에게 좀 더 의미 있는 시간이 되길 바라는 마음에 관련된 책들을 찾아서 아이와 함께 읽고 나누었습니다. 그러면서 저는 새로운 정보들을 알게 되었을 뿐만 아니라, 실제 보고 체험하면서 예전에 알고 있던 내용들이 서로 연결되면서 마치 살아 움직이는 듯한 경험을 했습니다.

　사랑하는 내 아이에게 유익한 경험을 만들어주고 싶은 학부모님과 세상에 대한 배움의 호기심으로 가득한 우리 아이들이 책과 함께하는 체험학습을 통해 저와 비슷한 즐거운 경험을 하기를 바라는 마음에 초등 교사로서 제가 알고 있는 정보들을 꾹꾹 눌러 담아 썼습니다.

　책을 쓰면서 초등학교 교육과정과 교과서를 분석하고 관련된 책을 찾아 읽고, 아이들과 함께 직접 방문해 보면서 우리나라 곳곳에 학생들이 가보면 좋을 체험장소들이 많이 있다는 것을 새삼 알게 되었습니다. 최대한 학년별 교과 내용과 관련된 장소와 도움되는 책들을 담으려고 노력했지만, 아이마다 관심을 보이는 부분이 다르고, 성향에 따라 좋아하는 책과 체험장소가 다를 수 있습니다. 다양한 학부모님들께 이 책이 1~4학년 교과서의 흐름을 파악하여 내 아이가 관심 가지는 부분을 살펴보면서 함께 읽을 책을 고르고 체험장소를 정하는데, 도움이 되길 바랍니다.

이 책이 나오기까지 주말마다 나가기를 좋아하는 활기 넘치는 아이들과 아내를 위해 부지런히 갈만한 곳을 찾고 기꺼이 함께해주고 끊임없는 지지를 해준 남편과 부족한 나를 성장하게 해주며 일상을 더 열심히 살도록 에너지를 주는 사랑하는 두 아들, 항상 곁에서 응원해주시고 믿어주시는 부모님과 가족 모두에게 감사드립니다.

더불어 책쓰기라는 새로운 도전을 하도록 이끌어준 이은정 선생님과 교사로서 나아가야 할 방향을 보여주시며 옆에서 용기를 북돋워 주는 김진수 선생님과 〈자기 경영 노트〉 선생님들께 감사드립니다. 마지막으로 부족한 제 글을 알아봐 주시고 끝까지 믿어주신 도서출판 밥북 주계수 대표님과 편집팀에도 감사의 말씀을 전합니다.

2023.4

김가영

참고 도서

- 초등학교 1~2학년 통합교과 교사용 지도서
- 초등학교 1~2학년 〈봄〉, 〈여름〉, 〈가을〉, 〈겨울〉 교과서
- 초등학교 1~2학년 〈안전한 생활〉 교과서
- 초등학교 3~4학년 과학, 사회 교사용 지도서
- 초등학교 3~4학년 〈과학〉, 〈사회〉 교과서

- 『공부가 쉬워지는 초등 독서법』, 김민아, 카시오페아
- 『초등 완성 생각 정리 독서법』, 오현선, 서사원
- 『초등 적기 독서』, 장서영, 글담출판사
- 『당신의 문해력』, 김윤정, EBS BOOKS
- 『초등 1학년 공부, 책읽기가 전부다』, 송재환, 위즈덤하우스
- 『초등 2학년 평생 공부 습관을 완성하라』, 송재환, 위즈덤하우스
- 『초등 3학년 늘어난 교과 공부, 어휘력으로 잡아라』, 송재환, 위즈덤하우스
- 『결과가 증명하는 20년 책육아의 기적』, 서안정, 한국경제신문
- 『초등 저학년을 위한 똑똑한 공부법』, 깔루아(조지희), 책밥
- 『초등 독서바이블』, 구근회, 김성현, Denstory
- 『아이의 사생활』, EBS 아이의 사생활 제작팀, 지식플러스
- 『다섯 가지 미래 교육 코드』, 김지영, 소울하우스
- 『아이의 공부지능』, 민성원, 다산지식하우스
- 『운동화 신은 뇌』, 존 레이티, 에릭 헤이거먼 지음, 녹색지팡이
- 『내 아이의 꿈의 목록 포트폴리오』, 차경희, 한울림
- 『아이와 놀면서 만드는 초등 포트폴리오』, 한선정, 박현주 외 1명, 소울하우스
- 『학년별, 계절별, 체험학습 어디로 가면 좋을까?』, 유연태, 예담friend
- 『책 잘 읽는 아이의 신나는 체험학습 노하우』, 황복순, 이비락
- 『안전하고 즐거운 현장체험학습 길라잡이』, 구경래, 아인출판
- 『열두 달 놀토 아빠표 체험여행』, 구완회, 웅진리빙하우스
- 『학교 수업이 즐거워지는 생생 체험학습』, 김미정, Scope
- 『꼭 가봐야 할 교과서 테마 여행』, 김수정, 문예춘추사
- 『교과서가 쉬워지는 주말여행』, 김수진, 박은하, 길벗
- 『교과서가 쉬워지는 체험학습: 사회편』, 아울북초등교육연구소(주)모든학교, 아울북
- 『교과서가 쉬워지는 체험학습: 과학편』, 아울북초등교육연구소(주)모든학교, 아울북

참고 사이트

- 포천국립수목원 kna.forest.go.kr
- 서울숲 parks.seoul.go.kr/template/sub/seoulforest.do
- 김천녹색미래과학관 gc.go.kr/gcsm
- 서울에너지드림센터 seouledc.or.kr
- 서울우리소리박물관 gomuseum.seoul.go.kr/sekm
- 광주김치박물관 www.gwangju.go.kr/kimchitown
- 대한민국역사박물관 www.much.go.kr
- 통일전망대 www.tongiltour.co.kr
- 국립과천과학관-곤충생태관 www.sciencecenter.go.kr
- 여주곤충박물관 **여주곤충박물관.kr**
- 아산환경과학공원 생태곤충원 www.asanfmc.or.kr
- 한국잡월드 www.koreajobworld.or.kr
- 화성시어린이문화센터 childrenjob.hscity.go.kr/etc/Greeting.do
- 다문화박물관 www.multiculturemuseum.com
- 중남미문화원 latina.or.kr
- 철도박물관 www.railroadmuseum.co.kr
- 삼성화재교통박물관 www.stm.or.kr
- 우정박물관 www.koreapost.go.kr/postmuseum
- 국립민속박물관 www.nfm.go.kr
- 농업박물관 쌀박물관 m.agrimuseum.or.kr
- 한국민속촌 www.koreanfolk.co.kr
- 남산골한옥마을 www.hanokmaeul.or.kr
- 부천자연생태공원 ecopark.bucheon.go.kr
- 국립생물자원관 www.nibr.go.kr
- 서천국립생태원 www.nie.re.kr
- 소리체험박물관 www.soundmuseum.kr
- 국립국악박물관 www.gugak.go.kr
- 국토지리정보원 지도박물관 www.ngii.go.kr/map/main.do
- 경희대학교혜정박물관 oldmaps.khu.ac.kr
- 한국은행 화폐박물관 www.bok.or.kr/museum
- 화폐박물관 museum.komsco.com
- 대전지질박물관 kigam.re.kr/museum
- 서대문자연사박물관 namu.sdm.go.kr
- 서울수도박물관 arisu.seoul.go.kr/arisumuseum
- 서울하수도과학관 sssmuseum.org
- 김해수도박물관 gimhae.go.kr/water.web

펴낸날 2023년 4월 17일

지은이 김가영
펴낸이 주계수 | **편집책임** 이슬기 | **꾸민이** 이화선

펴낸곳 밥북 | **출판등록** 제 2014-000085 호
주소 서울시 마포구 양화로7길 47 상훈빌딩 2층
전화 02-6925-0370 | **팩스** 02-6925-0380
홈페이지 www.bobbook.co.kr | **이메일** bobbook@hanmail.net

© 김가영 2023.
ISBN 979-11-5858-949-3 (13590)

※ 이 책은 저작권법에 따라 보호받는 저작물이므로 무단전재와 복제를 금합니다.